N. PEISSARD

Archéologue cantonal de Fribourg.

La découverte

du

TOMBEAU DE SAINT MAURICE

martyr d'Agaune

à

St-Maurice en Valais

IMPRIMERIE DE L'ŒUVRE ST-AUGUSTIN
— ST-MAURICE 1922 —

LE TOMBEAU DE SAINT-MAURICE

N. PEISSARD
Archéologue cantonal de Fribourg.

La découverte

du

TOMBEAU DE SAINT MAURICE

martyr d'Agaune

à

St-Maurice en Valais

IMPRIMERIE DE L'ŒUVRE ST-AUGUSTIN
— ST-MAURICE 1922 —

IMPRIMATUR :

† Josephus Mariétan
Ep. Bethleem.
Abbas S^{ti} Mauritii

S^{ti} Mauritii agaun., die 28 Augusti 1922.

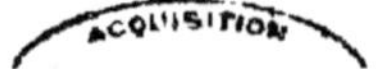

A Sa Grandeur

Monseigneur Joseph Mariétan

Evêque titulaire de Bethléem
Abbé de Saint-Maurice

en témoignage de respectueuse amitié

N. P.

D. O. M.

SANCTO · MARTYRI · ACAUNENSI

MAURITIO

CANONICUS · NICOLAUS · PEISSARD

ARCHAELOGUS · PAGI · FRIBURGENSIS

AMANTER · AC · PIE

VOVIT

TABLE DES MATIÈRES

TABLE DES ILLUSTRATIONS

PLANS

GRAVURES

Tous les clichés, sauf plans II à V et gravure V, sont la propriété de l'Indicateur d'antiquités suisses à Zurich. La Rédaction les a aimablement mis à notre disposition.

INTRODUCTION

Le martyre de Saint Maurice et de ses compagnons me paraissait appartenir au cycle, à la frondaison si touffue, des légendes hagiographiques. Dès lors, les découvertes archéologiques faites par M. le Chanoine Bourban me laissaient indifférent. A côté du texte d'Eucher que la critique dissèque à l'envi au point de lui enlever presque toute autorité, il fallait un argument nouveau, un fait probant, que les fouilles n'apportaient pas. Il fallait, en effet, un monument relatif au martyre, contemporain de l'événement ou du moins peu postérieur.

C'est dans cet état d'esprit qu'au mois de septembre 1919, diverses circonstances m'amenèrent à maintes reprises à l'Abbaye. Par curiosité uniquement, je descendis pour la première fois dans la crypte. Ce me fut une révélation, surpris que le chanoine Bourban n'ait pas donné de ce lieu une étude critique. Captivé par le problème, j'y revins souvent, examinant attentivement la construction, scrutant les murs, interrogeant chaque pierre pour surprendre son secret. Cette étude est le résultat de ces patientes et minutieuses recherches. Tout *esprit droit, archéologue, historien ou pieux fidèle, j'en ai l'intime conviction, en adoptera les conclusions. Celles-ci tranchent, semble-t-il, **le fond du débat** en répondant affirmativement à la question posée : y a-t-il eu martire à Agaune ? Sans doute, l'archéologue trouvera exposées ici, à côté de données scientifiques, des choses connues ; qu'il veuille les passer avec indulgence.*

Je dois une vive reconnaissance à Mgr Kirsch, professeur d'archéologie chrétienne à l'Université, dont les conseils m'ont été si précieux, ainsi qu'à Mgr Wilpert, membre de la Commission d'archéologie sacrée à Rome, qui m'a fait l'honneur de vérifier ce travail et de l'approuver.

Fribourg (Suisse), le 23 avril 1922.

N. P.

CHAPITRE I.

Historicité du martyre
et Critique contemporaine

La connaissance du martyre de Saint Maurice et de ses compagnons de la Légion Thébaine repose sur le récit qu'en a laissé Eucher († 449), évêque de Lyon, sous le titre de « Passio Martyrum Acaunensium », et la lettre à l'évêque Salvius. Mon but n'est point d'entreprendre à mon tour la critique de ce document, mais de relever simplement ce qu'en pensent les savants de notre époque, afin de mettre le lecteur au courant de toute la question. Monsieur l'abbé Besson, dans son ouvrage intitulé « *Monasterium Acaunense* », (1) a excellemment indiqué la position prise par les principaux critiques contemporains touchant l'historicité du martyre.

Nous allons le résumer en le suivant pas à pas.

Voici le contenu succinct de la Passion d'Eucher, rétablie par M. le Dr Krusch :

« Durant la dernière grande persécution, Maximien-Hercule, collègue de Dioclétien, se trouvant à Octodure

---

(1) 1913, grand in 8°. Fragnière Frères, éditeurs, Fribourg.

(Martigny), voulut obliger ses soldats à sévir contre les chrétiens. Près d'Agaune, la légion thébaine, forte de 6.600 hommes, chrétiens eux-mêmes, refusa de marcher (1). Le tyran la fit décimer une première, puis une seconde fois. Enfin, ne pouvant vaincre leur résistance, il ordonna de passer tous les survivants au fil de l'épée. Les noms des chefs sont connus : Maurice, Exupère, Candide. Un quatrième soldat, le vétéran Victor, n'appartenait pas à la légion ; comme il blâmait les bourreaux, ceux-ci l'exécutèrent à leur tour. On disait aussi que les martyrs Ours et Victor, tués à Soleure, étaient des compagnons de Saint Maurice. Dieu seul connait le nom des autres. Théodore, évêque d'Octodure, transporta les reliques des nombreux martyrs à Agaune même, et bâtit en leur honneur une basilique. Des miracles y furent opérés, et les pèlerins accoururent de toutes parts ».

M. Besson fait suivre ce petit résumé, objet de discussion depuis des siècles, des réflexions suivantes :

« Certains critiques nient la réalité même du martyre, et rejettent résolument parmi les légendes les documents qui s'y rapportent. Des historiens non moins absolus en sens contraire ont accepté ces documents sans examen, et accordé à toutes leurs assertions une égale autorité. Il en est enfin qui ont étudié avec soin la valeur relative des sources, et, après s'en être rendu compte, ont tenté de replacer dans leur cadre historique le plus probable, les faits qui leur ont paru devoir être retenus » (2).

---

(1) Les Agaunois appelaient leur ville de son ancien nom gaulois ACAUNUM, (ac-auno en langage celtique signifie rocher, pierre), AGAUNE, par allusion évidente à l'immense paroi rocheuse surplombant en cet endroit la vallée. Les Romains la nommaient TARNADES (Tarnaide ou Tarnadae).

(2) P. ALLARD, La Persécution de Dioclétien, T. 1, 1890, p. 335.

Sans retracer ici l'histoire de la controverse, il est intéressant de jeter un rapide coup d'œil sur les plus récentes publications.

« Après une minutieuse critique des sources, M. Stolle conclut à la réalité du martyre, mais pour trois soldats seulement : Maurice, Exupère et Candide. Leurs nombreux compagnons auraient été ajoutés par la légende. Les savants — bon nombre d'entre eux, du moins — firent à la thèse de M. Stolle un excellent accueil. Monseigneur Batiffol adopta ses conclusions, et M. Tobler déclara que jamais rien d'aussi sérieux n'avait paru sur ce sujet. M. Egli la trouva pourtant trop conservatrice. Pour lui, les fameux martyrs sont de vulgaires habitants de la Vallée Pennine, tués à Agaune en 56 par les légions de Galba, fêtés longtemps comme les malheureux défenseurs de l'indépendance nationale, devenus plus tard des saints, par une méprise des bonnes gens du IVe siècle. Cette hypothèse trop ingénieuse ne rencontra pas beaucoup de faveur auprès des personnes compétentes. On admira l'imagination de son auteur ; mais on lui reprocha de laisser sans réponse la plupart des difficultés.

» M. Schmid, en particulier, fit ressortir les côtés faibles du travail de M. Egli. Il en prit occasion pour publier sur le sujet en litige quelques bonnes pages, dans lesquelles il ne dissimulait pas ses tendances conservatrices.

» Quant à la date, les auteurs que nous pouvons appeler ceux de l'extrême droite, tels que MM. les chanoines Ducis et Bernard de Montmélian, veulent, à la suite de l'évêque Eucher, rattacher le martyre des Thébains à la grande persécution de 302/303. Abandonnant cette voie, M. Schmid partage l'avis de Tillemont, suivi, entre autres, par Lütolf, puis par M. Paul Allard, et recule l'événement jusqu'à l'automne 286/287 (sans exclure tout à fait l'année 296). Ainsi le martyre de Saint Maurice serait un épisode de la guerre des Bagaudes.

» M. Berg intervint encore, tâchant de distinguer la légende et l'histoire. " Dans la seconde moitié du IVᵉ siècle, dit-il, une église témoigne de la croyance du peuple au martyre d'une légion. En réalité, les officiers supérieurs auraient été seuls mis à mort. Peut-être la légion fut-elle décimée : rien de plus". Bien que méritoire, ce travail, auquel on reproche d'ailleurs de ne pas assez tenir compte des études précédemment parues, ne résolvait pas encore la question de manière à satisfaire tout le monde.

» Sur ces entrefaites, M. Krusch donne l'édition critique de la *Passio Acaunensium martyrum*. Grâce à lui, nous avons entre les mains un texte non seulement établi avec la plus scrupuleuse exactitude, mais accompagné d'une riche collection de variantes. Dans une claire et substantielle préface, M. Krusch nous dit ce qu'il pense de la valeur historique de la Passion ; mieux encore, il nous explique sa genèse. Jamais, dit-il, il n'y eut de martyr à Agaune. Mais, sous l'évêque Théodore, on découvrit un cimetière gallo-romain ; on crut avoir affaire à des reliques ; elles étaient nombreuses, on songea donc à une légion, et, comme la Thébaïde regorgeait alors de saints, on supposa que cette armée en était originaire. Nous parlions tout à l'heure de l'extrême droite ; M. Krusch pourrait prendre place à côté de M. Egli, sur les bancs de l'extrême-gauche.

» La façon dont s'expriment les auteurs qui, depuis, se sont occupés du martyre de la Légion Thébaine, montre assez que le débat n'est point clos. " Sur la réalité même du fait, remarque A. Molinier, on a beaucoup discuté ; les arguments négatifs semblent jusqu'ici prévaloir ". D'après Dom Leclercq, " les arguments apportés de part et d'autre pour et contre la valeur historique de ce récit laissent toujours place à une démonstration définitive, quelles qu'en doivent être les conclusions ". Le R. P. Delehaye classe la *Passio Acaunensium Martyrum* parmi les romans historiques, et M. Dufourcq appelle ce texte « une pure légende ».

Après cet exposé, M. Besson ajoute fort judicieusement les remarques suivantes: « Cette revue des diverses opinions nous montre d'une part, que beaucoup s'intéressent à l'histoire de Saint Maurice, et, d'autre part, qu'il reste, dans ce domaine, des ombres à dissiper. On voit même d'une façon manifeste, que la critique est sévère pour la Passion et que bon nombre d'érudits sont plus ou moins ouvertement contre l'authenticité du martyre. Autrement il leur serait impossible de comprendre quelle est la position de l'historien d'aujourd'hui touchant ce grave problème.

» Nous allons essayer, à notre tour, de faire un peu de lumière sur les points principaux, en demeurant dans cette sereine indépendance qui seule peut donner aux investigations scientifiques leur valeur. Deux écueils sont à contourner. Il ne faut pas traiter les textes avec une outrecuidante désinvolture, comme si tous les hagiographes étaient des exaltés ou des niais ; il faut aussi se garder de leur accorder une confiance excessive, comme si tous les écrivains d'autrefois étaient infaillibles ou omniscients. L'on doit surtout savoir ce que ces derniers voulaient faire, et ne point chercher dans leurs travaux ce qu'ils n'ont jamais pensé y mettre.

» Avant tout, distinguons avec soin l'essence même du fait et les détails accessoires. Maurice et ses compagnons ont-ils vraiment versé leur sang pour le Christ ? Ou bien ceux qui, depuis plus de quinze siècles, honorent leurs reliques et leur mémoire, vénèrent-ils, victimes d'une illusion, des ossements quelconques, peut-être le souvenir de héros imaginaires ? Voilà le fait principal, celui qui mérite dès l'abord notre attention. »

On ne saurait mieux dire.

M. Besson aborde ensuite à son tour la critique de la *Passio Acaunensium Martyrum* et la question des sources.

D'après les plus anciens manuscrits existants, le Parisinus 17002 et le Parisinus 5293, Saint Eucher, évêque de Lyon, serait l'auteur de la Passion des martyrs d'Agaune.

Il l'aurait vraisemblablement écrite dans le premier quart du V⁰ siècle, puisqu'il était mort en 449.

Dans le Parisinus 17002, la lettre à l'évêque Salvius suit la Passion. Eucher adresse à Salvius son récit pour sauver de l'oubli les circonstances du martyre. Il indique les sources où il a puisé : le témoignage de personnes dignes de foi s'appuyant sur la relation de l'évêque de Genève, Isaac, qui, peut-être, dit-il, en tenait le récit de l'évêque Théodore.

M. Besson signale franchement les difficultés que présente le texte d'Eucher, tels la date de la persécution et le martyre de toute la Légion. En effet, en 303, les

Gaules sont du gouvernement du César Constance Chlore et non point de celui de Maximien. L'édit de persécution n'est pour ainsi dire pas exécuté. Tout se borne à des démolitions d'églises, à des Livres-Saints brûlés et, par ci par là, à un martyr peut-être. De son côté, la légion ne comptait plus à cette époque 6.600 hommes. Aucun historien de l'époque ne relate un pareil carnage. On se trouve, sans doute, en présence d'une amplification populaire. Les soldats martyrs étant nombreux, on en vint naturellement à parler de légion.

Passant à l'historicité du martyre, le savant critique ajoute :

« A quelque minutieuse critique, à quelque sévère examen que l'on soumette le récit de Saint Eucher, il en restera toujours les éléments suivants : l'existence d'une basilique élevée par Théodore vers 360/370 en l'honneur de martyrs morts depuis moins de cent ans.

» Cette date 360/370 est établie par le raisonnement suivant : Théodore est un vieil évêque en 381, puisque sa signature se trouve au bas des canons du concile d'Aquilée parmi les premières, c'est-à-dire parmi celles des prélats déjà depuis longtemps en charge. Il est probable que Théodore n'attendit pas d'avoir atteint une extrême vieillesse pour commencer sa construction. S'il prit en mains le gouvernement de l'Eglise du Valais vers 350/360, la basilique fut donc vraisemblablement commencée vers 360/370. «

Enfin, M. Besson termine son étude de la Passion par les conclusions suivantes :

« 1. — Un évêque de Martigny, probablement le premier en date, saint Théodore, transfère, vers 360/370, un très grand nombre de corps saints dans une basilique érigée par lui en leur honneur. Cette basilique, adossée au rocher, est remplacée, vers 520, par une autre.

» 2. — Ces corps passent, dès le temps de Théodore, pour ceux de soldats martyrisés moins d'un siècle auparavant. On connaît les noms des principaux : Maurice, Candide, Exupère, Victor. Rien ne porte à révoquer en doute l'autorité de cette tradition.

» 3. — Dans la première moitié, probablement dans le deuxième quart du Ve siècle, un évêque de Lyon, saint Eucher, écrit la Passion de ces martyrs, d'après les données qui circulaient de son temps. Il l'adresse à Salvius, évêque de Martigny.

» 4. — Dans la seconde moitié du même siècle, vers 470, on procède à la translation des reliques de saint Innocent, en présence des évêques Protais de Martigny, Domitien de Genève et Gratus d'Aoste. Bientôt, saint Vital est associé à saint Innocent dans la piété des fidèles.

» 5. — Au temps d'Eucher, on pense que les saints Ours et Victor, les patrons de Soleure, ont appartenu au même corps d'armée. Dès l'époque de Grégoire de Tours — peut-être avant — on fait le même honneur à des martyrs vénérés à Cologne.

« 6. — Toute une série de copistes transforment la Passion des martyrs, en adaptent les détails aux circonstances dans lesquelles ils vivent, finissent par lui donner un aspect assez différent du récit original de saint Eucher. »

CHAPITRE II.

Aperçu général des fouilles

Ainsi qu'on l'a vu dans le chapitre précédent, l'accord n'est pas près de se réaliser dans le monde des historiens sur la valeur du récit d'Eucher. Longtemps encore, il servira de thème à de subtiles discussions. Des auteurs, tels MM. Krusch et Egli, combattront la Passion en échafaudant des suppositions, de pures hypothèses, au lieu d'apporter des preuves. Qu'est-ce donc qu'une simple affirmation gratuite, l'hypothèse d'un cimetière gallo-romain ou celle de héros nationaux mués en martyrs ? « Quod gratis asseritur, gratis negatur ». Mais, de ce fait, l'historicité du martyre de Saint Maurice et de ses compagnons est mise en question. Reconnaissons-le franchement, le texte de l'évêque de Lyon permet de multiples échappatoires. Après cette constatation, nous allons, à notre tour, jeter dans le débat, un argument nouveau, inutilisé jusqu'ici ; l'archéologie va nous le fournir, car les pierres ont un langage parfois singulièrement éloquent. « Si mes disciples se taisent, disait Notre-Seigneur, les pierres crieront » (1).

---

(1) S. Luc XIX. 40.

Les fouilles de St-Maurice furent l'œuvre de M. le chanoine Bourban. Il est donc de toute convenance de signaler l'initiative, la persévérance et la ténacité de ce travailleur pieux et modeste. Ses efforts furent couronnés de succès. Les martyrs thébains et son antique Abbaye se fondaient dans le même amour. Tout convergeait vers le suprême désir de son âme : rendre aux saints martyrs le culte d'antan ! Dès lors, les critiques — les hypercritiques surtout — dont les travaux tendaient à saper cette gloire plus que millénaire, ne pouvaient trouver grâce à ses yeux. M. Bourban vivait des martyrs, il devait en mourir. C'est, en effet, après avoir pour la dernière fois célébré la Sainte Messe dans sa chère crypte, le jour même de la fête des martyrs, le 22 septembre 1920, qu'en plein office pontifical, il a été frappé à mort et a expiré entre les bras de ses confrères.

« Le chant liturgique de l'heure canoniale de None venait de s'achever ; l'église du monastère était, comme toujours, à pareille fête, débordante de monde ; aux premiers rangs des fidèles, on remarquait les autorités de la ville et du district, dans la foule, bon nombre d'étrangers ; le chœur, admirablement paré, ruisselait d'or et de lumières ; et, entourant les châsses précieuses, joyau incomparable du royal trésor de l'Abbaye, la foule des prêtres en surplis et camail, des célébrants et des ministres en riches ornements s'apprêtaient au saint sacrifice qu'allait célébrer pontificalement le R^{me} Abbé de Saint-Maurice, Mgr Mariétan, évêque de Bethléem. A ce moment, le vénéré Prieur quitta sa stalle et s'avança vers la balustrade du chœur, face au peuple : en quelques mots, il expliqua que la Messe serait précédée de la bénédiction du nouveau tableau du maître-autel, superbe mosaïque de Maurice Denis. D'une voix grave, émue, M. Bourban rappela que les innombrables pierres de cette mosaïque sont le symbole de « ces six mille martyrs qui ont préféré mourir que de ployer le genou devant les faux dieux ». « Et vous voyez Saint Maurice, debout, s'écria-t-il en élevant la voix sur un ton impressionnant, qui va recevoir la plus belle couronne, celle de la vie éternelle ! » A cet instant, M. Bourban étendit la main, comme pour chercher un appui ; il chancela et s'abattit comme une masse sur le pavé de la nef qu'il arrosa de son sang. De tous côtés, on s'empressa autour de lui, on l'emporta à travers le chœur et son corps mourant frôla, en passant, les châsses d'or qui contiennent les grandes reliques des martyrs qu'il avait tant aimés, si fidèlement servis, dont il venait de chanter les louanges ; à la sacristie, le cœur avait fini de battre ; un de ses confrères, néanmoins, avait eu le temps de l'absoudre et de lui donner l'Extrême-Onction. M. le docteur de Cocatrix, préfet du district, qui avait été le premier auprès de lui, à l'église, ne put que constater la mort, atterré. Dans toute l'assemblée, où cette nouvelle se répandit bientôt, ce fut une émotion profonde, indescriptible (1) ».

Raconter l'histoire des fouilles est chose malaisée. Ce n'est point, chose bizarre, faute de documents, ils sont au contraire trop nombreux et diffus. L'important est délayé à plaisir, mélangé à des choses insignifiantes n'ayant souvent qu'un rapport très éloigné avec les fouilles elles-mêmes. Très brièvement, nous allons tenter d'en extraire un résumé chronologique que le lecteur pourra aisément suivre sur le Plan I. Comme, de notre côté,

____

(1) **La Liberté**, 24 septembre 1920.

nous nous proposons *l'étude de la crypte et de l'arcosolium qu'elle renferme,* on comprendra que nous ne nous y attardions pas.

1893

Relation sur la découverte faite dans le passage conduisant du premier au second étage de la tour d'une sculpture représentant le Bon-Pasteur. Ce bas-relief taillé dans une molasse jaunâtre devait appartenir à un tombeau. C'est le Bon-Pasteur (pleurant la brebis perdue ?). Pièce attribuée avec le plus de vraisemblance au VIe siècle (1).

1894

Etude sur la cuve d'un ambon mérovingien en marbre blanc, découvert dans un vieux mur au Martolet (2).

1896

14 juillet : descente depuis le premier étage du clocher au *Martolet* par un méchant petit escalier totalement dans l'obscurité (3). Cet escalier devait s'ouvrir sur le *Martolet.* Le mur de remplissage est enfoncé, l'ouverture déblayée. Le palier est à 1 m. 20 au-dessous du sol.

Derrière la porte, dans l'épaisseur de la tour, palier avec terrasse, puis 19 marches en marbre noir et blanc

---

(1) « Revue de la Suisse catholique ». XXIV. 713.

(2) « Revue de la Suisse catholique ». XXV. 403.

 Ces deux études valurent à leur auteur de nombreux encouragements ainsi que la collaboration de M. Jules MICHEL, ingénieur en chef retraité du P. L. M.

(3) Le Martolet est l'emplacement des anciennes basiliques ; nous en parlerons plus loin.

conduisent au premier étage du clocher ; voûte en berceau avec appareil en tuf.

15 juillet : découverte de la base en tuf de la colonne (1). On mit à découvert, à moins de o m. 80 au-dessous du niveau du sol, une fondation en gros blocs de pierre, dont le contour irrégulier représente un cercle d'environ 2 m. de diamètre. Cette fondation était, d'un côté, à cheval sur un mur plus ancien et, de l'autre, elle s'appuyait sur un tombeau en pierre.

17 juillet : mise à jour d'un cippe romain (2) en marbre blanc, engagé dans le mur. L'inscription fort bien conservée donne à la lecture courante :

ACAUNENSIAE FILIAE

AMARANTHUS

AUGUSTI NATUS VERNA VILLICUS

QUADRAGESIMAE GALLIARUM ET

CHELIDON

PARENTES POSUE

RUNT

Ce qui signifie : « à leur fille Acaunensia, Amaranthus, esclave, né dans la maison d'Auguste, fermier du quarantième des Gaules, et Chelidon, ses parents, ont élevé ce monument ».

Les jours suivants, on découvre l'abside circulaire dans laquelle est encastré ce cippe (3) et le pan du mur (4), ainsi que plusieurs fragments d'inscriptions conservées au musée des fouilles.

A partir du Ier août, c'est une série de tombeaux murés en briques, en calcaire jurassique avec enduit intérieur en briques pilées. (5 et 6).

Le 7 septembre, mise à jour des colonnes des basiliques du moyen-âge. « Elles sont en calcaire jurassique dans les mêmes proportions que celles qui sont à l'église actuelle. Ce qui est une nouvelle preuve du transfert des colonnes » (7).

Au 3e pilastre, le dessus du soubassement était formé par une pierre calcaire de o m. 61 de largeur et o m. 78 de longueur qui put être extraite sans peine. C'était une dédicace à *Caïus César Augustus Germanicus* ou *Caligula,* (7ª, et planche IX) par les *IV civitates Vallis Poeninae,* maintenant au vestibule de l'Abbaye.

Le 12 septembre, vers l'entrée du choeur des églises du moyen-âge, une belle base de colonne en marbre noir d'un travail achevé en style gothique, probablement du XVe siècle (8).

Le 26 septembre, au parterre de l'abbaye, vis-à-vis de l'église actuelle, dans le mur de la cave, sous la fenêtre des archives, autel votif de o m. 915 de hauteur et o m. 65 de largeur avec l'inscription DEO SEDATO : *Au Dieu apaisé,*(9 et Planche IX).

Le 15 octobre, ouverture de la fenêtre géminée du clocher. La colonne porte une inscription romaine très effacée. Le même jour, base de colonne au pied du rocher (10).

Jusqu'au 27 octobre, découverte de quelques tombeaux et fragments de calcaire jurassique entre le monument d'Acaunensia et le clocher.

Le 2 décembre, pavé en ciment très dur, base angulaire en tuf, abside d'une chapelle entre la basilique et le rocher(11).

Le 3 décembre, découverte de la belle inscription de *Vultchérius*, archevêque de Vienne, moine puis abbé de St-Maurice et évêque de Sion, et d'un tombeau en marbre blanc portant sur un côté l'inscription :

NITONIAE · AVITIANAE · CLAR...

VASSONIUS · GELLIANUS...

NITONIA · MARCELLA · ET

NITONIUS · POMPEIUS · FILII

MATRIS · CARISSIMAE

La fin de l'inscription, qui est de la belle époque romaine (du IIIe siècle), est un peu couverte de ciment rouge (12 et Planche VI).

1897

Le 15 janvier, M. Bourban, dans les fouilles le long du rocher, croit constater : « de 0 m. 80 et 1 m. 20 au dessous du sol formé de débris de bâtiments et du rocher, on trouve une couche de sable, ondulée ; elle va jusqu'à 2 m. 30 au-dessous du sol ; là, une couche de terre brûlée, marque d'un ancien incendie, s'étend horizontalement ; au-dessous, de la terre et des débris du rocher. »

Le 23 et 24 février, fouilles « sur l'emplacement du choeur de la dernière église » (13), pavé fait d'anciens marbres.

Le 24 mars, dégagement de l'abside au milieu du Martolet ; découverte d'un tombeau entre deux murs (14) ; deux grandes briques romaines bien conservées ; dans le tombeau, débris de verre et de fioles anciennes.

En 15, on trouve plusieurs morceaux de porphyre, une grande quantité de fragments d'un ancien pavé en mortier ou en briques rouges avec incrustation ou mélange de marbre blanc.

Le 5 avril, fouilles dans l'abside, à côté du rocher (16) sans y trouver de pavé.

« Au Martolet, à droite de la porte d'entrée de l'escalier, qui vient de la fontaine, le mur des catacombes est à o m. 80 au-dessous du sol (17) ; le mur des bâtiments actuels repose sur la voûte des catacombes ».

Du 2 au 4 juin, plusieurs tombeaux le long du rocher, travaux de déblaiement (18).

Le 4 août, les fouilles sont poursuivies dans la chapelle nord-est, le long du rocher. « On y descend jusqu'au premier pavé qui est fait avec l'ancien procédé, galets ou autres pierres, couche de mortier, puis ciment rouge de briques pilées ».

Le 6 août, on fouille devant le clocher, au-dessous de l'entrée actuelle, du côté du Martolet. Les deux pieds-droits du cintre du premier étage du narthex, sont des stèles funéraires. L'une est une dédicace funéraire : « MATRI PIISSIMAE » inscription très endommagée, et l'autre a, à la partie découverte, *l'ascia.*

1898

Jusqu'au mois de septembre, il n'y eut aucun travail digne de remarque.

Le 20 septembre, fouilles (19), afin de pratiquer dans le mur une ouverture pour le canal ; fût de colonne et tombeaux en maçonnerie.

1899

Le 3 août ; en 20, tombeau d'un prélat du XIIe siècle, près de la tête, à gauche, une crosse en ivoire en morceaux, armature en fer, bâton en poussière ; à la hauteur de la hanche, calice et patène en étain considérablement oxydés, pied du calice pulvérisé : morceau de drap d'or adhérant au crâne, fils d'or dans la poussière ; anneau en or avec châton et pierre verte opaque.

Continuation des travaux en avant du clocher, enlèvement de l'escalier (21).

Les fouilles furent ensuite suspendues jusqu'en *1904*. Dès ce moment, les dates précises font défaut, mais le rapport envoyé par M. Bourban au Conseil d'État du Valais indique les travaux exécutés.

Fouilles au chœur des anciennes basiliques, à 39 mètres à l'ouest du clocher, mur ayant supporté, croit-il, le jubé, pavement en dalles, de provenance romaine ; place du maître-autel encadrée d'un pavé en beau marbre rouge ; sous ce pavé, nombreux tombeaux, puis beau mur régulier, avec crépissage, attribué au VIe siècle ; établissement d'un plafond en béton avec fers à T.

En cherchant plus à l'ouest, le fond de l'abside, découverte d'un mur dont les fondations étaient moins profondes ; derrière ce mur, chapelle souterraine avec arcosolium (22) ; tombeau sous l'arc, en pierre et vide parce que le corps de Saint Maurice en a été retiré pour être mis dans la châsse ; niche pour la lampe ; établissement d'un plafond en béton avec fers à T, aménagement d'un lucernaire couvert d'une trappe en fer et muni d'une échelle pour descendre dans l'intérieur.

En 1905 et 1906, M. Bourban fait déblayer le corridor depuis l'escalier du Martolet jusq'à l'arcosolium. Autour de la source, on enlève la terre. Il prétend que c'est la place qui amenait de plein-pied à l'entrée de la crypte et par des escaliers à l'entrée des basiliques. Murs faits de briques pilées autour et au-dessus de la fontaine indiquent un captage romain ou burgonde.

En 1907, ouverture de portes dans les murs pour permettre l'accès à la crypte par le corridor de l'Abbaye. Rapport de M. Naef au Conseil d'Etat du Valais pour l'élaboration d'un règlement de conservation de la crypte. Découverte de la partie droite de l'hémicycle souterrain et de l'excavation faisant face à l'arcosolium. Celle-ci était fermée par un mur postérieur. Elle mesurait 2 m. 50 à 3 m. de long sur 1 m. de large. C'était la place réservée à un tombeau, mais il n'y en avait point ; au-dessus, il y avait une sorte de voûte surbaissée. Derrière le mur du fond, un tombeau avec squelette. Le mur de droite tournait vers le rocher.

A partir de ce moment, ce ne sont plus que travaux de consolidation et de reconstruction.

En terminant ce rapide exposé, qu'on nous permette de formuler un vœu et de donner un avis ; un vœu : la continuation des fouilles ; un avis : la préservation des vestiges découverts.

Chacun sait, en effet, que les vieux murs enfouis durant des siècles dans un sol humide, ne se conservent pas à l'air libre. Peu à peu ils se désagrègent et finissent par disparaître en des monceaux de débris informes, « etiam periere ruinae ». Or, les murs millénaires de Saint-Maurice sont aujourd'hui à ciel ouvert. Sous les âpres morsures des intempéries, le travail de désagrégation s'accomplit lentement et sûrement. D'ici quelque quarante ans il n'en restera pas pierre sur pierre. Il faut donc parer à ce danger prochain. Pour cela, il n'y a qu'un

moyen vraiment efficace : les confier à la terre. Mais
auparavant, il faut en dresser un excellent plan donnant
sous des hachures différentes les diverses constructions ;
qu'on y reporte exactement toutes les trouvailles, puis
on pourra transférer au musée les tombeaux les plus
intéressants. Ensuite on recouvrira le tout de terre. A la
surface du sol, on marquera les absides des basiliques
comme aussi leurs murs certains par un petit pavage
exécuté de diverses façons. Ce travail accompli, il sera
possible de fouiller au nord de la crypte, près du rocher,
où très probablement des surprises attendent encore
l'archéologue.

CHAPITRE III.

L'arcosolium
La date de sa construction

Avant d'entrer dans notre sujet, expliquons ce qu'entendaient les Romains par le mot « arcosolium » (1). Durant de longs siècles, le peuple-roi incinérait ses morts. Les urnes cinéraires étaient placées dans les niches voûtées des « columbaria ». Plus tard, lorsque, sous une influence inconnue, chrétienne peut-être, il abandonna peu à peu le mode de l'incinération pour revenir au rite de l'inhumation, il employa des niches horizontales surmontées de la voûte, c'était l'arcosolium, dont le tombeau et l'arc étaient bâtis soit en briques soit en pierres.

L'Eglise catholique, professant comme un dogme la résurrection des corps, inhuma dès l'origine ses morts en les entourant de respectueuses attentions. Pour recevoir les corps des défunts, on creusait dans les parois des galeries souterraines des catacombes chrétiennes, de

---

(1) Les expressions « tombeau sous l'arcosolium, tombeau avec l'arcosolium, tombeau à arcosolium » qu'on rencontre à maintes reprises dans la relation des fouilles de St-Maurice, sont inexactes, comprenant la partie pour le tout.

larges ouvertures horizontales appelées « loculi ». Une
tablette de pierre affleurant verticalement la paroi en
assurait la fermeture. L'arcosolium, au contraire, se
fermait horizontalement. Pour avoir la place de creuser
la tombe, d'y introduire le cadavre et d'y fixer la dalle
de fermeture, l'ouvrier creusait d'abord une excavation
dans laquelle il pût se mouvoir. Son travail achevé, il
rectifiait la cavité en forme d'*arc*, d'où le nom d'*arcosolium* pour signifier un tombeau surmonté de l'arc.

Usité exceptionnellement auparavant, ce genre de
sépulture prit une grande extension à partir du milieu
du IIIe siècle. Parfois, le mur de face, la petite abside à
fond plat et la voûte sont ornés de peintures, mais souvent l'arcosolium ne porte aucune décoration, comme
c'est le cas à St-Maurice.

Dans les catacombes, de chaque côté des galeries,
s'ouvrent des chambres, « cubicula » ou « cryptae ».
Crypta désignait, d'une manière générale, chez les Romains, une galerie, un corridor couvert, comme aussi,
plus fréquemment, un conduit souterrain. Par extension,
plus tard, une grotte, une chambre ou excavation souterraine, prit le nom de crypte. A mesure que se déve-
loppait le culte des martyrs, après les persécutions, au
IVe siècle principalement et au commencement du Ve,
quand on construisait des églises notamment, on rema-
niait souvent ces chambres souterraines. Il fallait, en
effet, permettre aux nombreux fidèles désireux de
vénérer les reliques des saints, de satisfaire leur piété en
s'approchant aussi près que possible du tombeau. Le
cubiculum ou crypte devient alors une chapelle souterraine, élevée autour d'un tombeau de martyr. Celui-ci
restait à sa place primitive, mais on disposait l'intérieur

de la crypte de façon à rapprocher l'autel du tombeau, sinon on transformait le tombeau lui-même en autel sur lequel le prêtre offrait le saint sacrifice. Plus tard, sur la crypte préexistante, on élevait une basilique, puis, faisant un pas de plus dans l'évolution, on construira cette crypte ou chapelle souterraine sous l'abside de la basilique supérieure et en même temps qu'elle.

Ces conditions préliminaires établies, revenons à la crypte de St-Maurice en Valais.

Actuellement, on y pénêtre du corridor inférieur de l'Abbaye. Ce rez-de-chaussée est à environ 3 m. 50 plus bas que le niveau actuel du sol du Martolet. Après avoir franchi la porte et descendu une marche, nous voici dans un vaste souterrain. Immédiatement, on remarque, formant un grandiose portique, deux énormes pilastres soutenant un arc en plein cintre dont les claveaux supérieurs furent remplacés plus tard par de plus petits en arc surbaissé. Les chapiteaux romains sont doriques et reposent en retrait sur les pilastres. Cette construction, faite avec des matériaux romains ne se lie réellement qu'au mur du corridor « G » et suppose un important édifice. Peut-être répondait-elle à la base de la tour ou clocher ? Après avoir côtoyé un mur de fermeture de date relativement récente, venant s'appuyer contre un pilastre indiqué et que M. Bourban a fait éventrer pour en permettre le libre accès (Plan II, pointillé), nous arrivons dans une galerie « G ». Son niveau est de 2 m. plus élevé, correspondant au chapiteau du grand pilastre. Le mur s'épaule au pilastre lui-même (Plan II. G). Ce couloir étant sans issue du côté du rocher, M. Bourban procéda comme il venait de faire. Il fit sauter le mur (e) pour y ménager une porte à pieds-droits en briques par où

on accède dans la crypte proprement dite. A notre droite,
nous voyons un bloc de marbre jurassique. C'est un
escalier de deux marches, suspendu à plus d'un mètre, et
accosté d'un bloc de même pierre, En suivant le corridor
semi-circulaire, on passe à côté du lucernaire (h) destiné
à laisser pénétrer la lumière de l'extérieur. Enfin, nous
arrivons dans une petite chambre ouverte mesurant 4 m.
de longueur sur 2 m. de hauteur et 1 m. 51 de largeur.
Au fond, un arcosolium. Approchons-nous. Une chose
frappe immédiatement le regard de l'observateur attentif. La maçonnerie de la partie ancienne des parois dif-
fère notablement de celle de l'arcosolium. Celui-ci, en
effet, dans la partie inférieure, est construit avec des
cailloux assez régulièrement disposés et recouverts par-
tiellement d'un enduit grisâtre très résistant. Croire que
toute maçonnerie gallo-romaine doive rentrer obligatoi-
rement dans le cadre restreint de l'appareil romain grand,
moyen ou petit, surtout s'il s'agit de travaux souterrains,
serait une erreur manifeste. Notre maçonnerie en cailloux est identique, par exemple, à celle des villas gallo-
romaines découvertes naguère soit au Mouret, près Fribourg, soit au parc La Grange, à Genève. Fait curieux :
en « c », le mur E n'est pas adhérent ; le crépissage se
continue derrière lui. Nous réussissons à introduire dans
cette sorte de fissure 30 centimètres du mètre que nous
tenions. En « b¹ », même constatation ; ici, les murs sont
juxtaposés de façon cependant à laisser clairement apercevoir tout de même leur manque de liaison. Si nous pas-
sons en « c¹ », même observation, plus frappante encore en
« a¹ ». L'éloignement des deux murs est plus marqué. Sans
aucune difficulté, nous mesurons horizontalement o m. 40
avant de rencontrer un obstacle et o m. 90 obliquement.

Forcément, une conclusion s'impose avec évidence. Nous nous trouvons en présence, *non d'une seule et même construction,*ainsi que le croyait M. le chanoine Bourban, mais de *deux constructions parfaitement distinctes.* C'est pour n'avoir pas fait cette constatation qu'il s'est égaré sur ce point comme le prouve la confrontation des plans I et II. L'une renfermant l'arcosolium, et se continuant jusqu'en « H » ; l'autre, élevée postérieurement pour la première construction qu'elle enclave complètement.

Procédons méthodiquement. Examinons l'arcosolium seul. Auparavant une observation : on remarquera sur le Plan II et le Plan III, coupe horizontale, que la maçonnerie de face du tombeau est de la même époque que le mur « D ». Les hachures ont été intentionnellement adoucies afin de montrer que cette partie antérieure de la construction ne s'élevait qu'à mi-hauteur. La hauteur totale du sol au plafond moderne mesure, avons-nous dit, 2 m. 12 sur 1 m. 51 de largeur. Commençons notre inspection par la partie inférieure de l'arcosolium pour aboutir finalement à l'arc.

En face de nous, (vue de face) à 0 m. 60 et 0 m. 70 de hauteur, on remarque que la face antérieure du mur est rongée, puis celui-ci continuant en retrait de 0 m. 13 (coupe horizontale) s'élève jusqu'à 1 m. 18 avec une épaisseur totale de 0 m. 34. Seules les deux extrémités du mur atteignent la hauteur indiquée, car le centre rongé et raviné par le temps ou le marteau des démolisseurs est inférieur de 0 m. 10. La hauteur de l'arc est de 0 m. 82 ; la partie entre celui-ci et le plafond de 0 m. 12.

Le sarcophage, en grès coquillier de La Molière (canton de Fribourg) ainsi que l'a reconnu M. le Prieur Bourban, est complètement enclavé dans la maçonnerie.

L'intérieur seul en est visible. C'est un sarcophage romain de fortune, d'un travail assez grossier, acheté sans doute chez un marchand public (coupe horizontale). L'intérieur mesure en longueur 1 m. 82 ½ ; en largeur, à la tête, 0 m. 55, aux pieds, 0 m. 43 ½ et en hauteur 0 m. 30 avec des boudins de renforcement aux angles. Impossible donc d'en mesurer l'épaisseur. Si le dessinateur l'a indiqué sur les divers plans, c'est uniquement d'une manière arbitraire. Le dessus des parois n'en est pas même visible. Une rangée de pierres de 0 m. 06 de hauteur, puis un rang de briques brisées de 0 m. 05 forment une saillie accusant 0 m. 05 ½ de largeur. Seul cependant le côté droit ne comporte pas ce rebord. Il servait à supporter la dalle de fermeture ou couvercle. Ces adjonctions, attirons l'attention sur ce point, nullement nécessaires, augmentaient d'autant la contenance du tombeau. Au-dessus des extrémités du sarcophage ainsi constitué, il y a deux retraits, niches ou excavations. Celle du côté nord mesure 0 m. 30 de hauteur sur 0 m. 15 de profondeur et 0 m. 64 de longueur. Le rebord inférieur en saillie ne mesure plus ici que 0 m. 03. Le plafond est formé par une plaque de marbre cipolin portant un fragment d'inscription romaine, dont nous reparlerons. L'autre excavation est plus petite, elle n'a plus que 0 m. 15 de hauteur sur 0 m. 50 de longueur et 0 m. 15 de profondeur.

Cette inscription sert de point d'appui à la retombée d'un arc surbaissé, de tracé irrégulier, dont la voûte mesure du côté nord 0 m. 64. Elle va, suivant la forme du sarcophage, en se rétrécissant graduellement pour aboutir à l'autre niche avec une largeur de 0 m. 50 seulement.

Au lieu d'établir ce système plutôt compliqué, le constructeur aurait dû, semble-t-il, tracer son arc de façon à englober complètement le tombeau comme cela se pratiquait habituellement. A cela, il y a une raison autre que la fantaisie d'un ouvrier. Je crois qu'il faut la chercher dans le terrain lui-même et dans la maçonnerie. En traçant l'arc régulièrement, étant donné que la profondeur du souterrain n'était pas suffisante, il aurait atteint, sinon dépassé mêmement, le niveau du sol supérieur. Par le dispositif adopté, l'arc est d'une plus petite ouverture et partant moins élevé. Il n'atteignait pas le sol. C'est là, croyons-nous le motif qui a poussé le maçon à adopter cette combinaison. A quoi servaient ces excavations ? A permettre la mise en place du couvercle par la manœuvre suivante : une extrémité de la dalle était engagée dans le retrait de droite plus bas que son vis-à-vis, puis, par un jeu de bascule, l'autre extrémité prenait place dans la niche de gauche plus élevée. Ceci est de la théorie. J'ai essayé la manœuvre et constaté, à mon grand désappointement, qu'elle était pratiquement irréalisable ; une dalle unique étant encore trop longue. Connaissait-on un autre tour de main ? c'est possible. Jusqu'à preuve du contraire, j'arrive donc à admettre que le couvercle comprenait deux ou trois pièces. Un document du XVIIe siècle *résumant des actes anciens* porte que ce tombeau aurait été ouvert « trois fois » au cours des siècles. « Primo ibi constiterunt sacrae reliquiae quae tribus diversis vicibus ibidem repertae sunt ». Or les niches sont absolument intactes, chose impossible avec un couvercle monolithe. Dans l'angle du fond de la niche nord, j'ai trouvé adhérant encore à la paroi un morceau de mortier de couleur rougeâtre. Placé à o m. 08 du rebord de briques et sa face inférieure étant plate, j'en conclus qu'il avait dû

reposer sur une surface plane, qu'il avait en un mot
servi à fixer le couvercle, qui, en conséquence, aurait eu
o m. o8 d'épaisseur. Intrigué, je désirais examiner de
plus près la nature de ce mortier. C'est pourquoi, dans
le but d'en enlever un petit fragment, j'exerçai une brus-
que pression. Le morceau entier se détacha. Chose cu-
rieuse, la rupture était si nette qu'elle ne laissa aucune
trace sur la paroi. Le fait est très compréhensible parce
que la paroi parfaitement unie n'avait pas été préalable-
ment piquée pour assurer l'adhérence du mortier. Quelques rayures dues au couvercle se voient en divers points.
Le bandeau de l'arc, les parois des niches, le fond plat
de la petite abside sont recouverts d'un enduit très fin,
parfaitement uni, d'une épaisseur variant de o m. o1 à
o m. o2, posé sur un mortier grisâtre analogue à celui de
la partie inférieure. La couleur rouge foncé est si belle
et si forte que nous avons cru d'abord à un mélange d'ocre
rouge. Bref, M. A. Evêquoz, chimiste cantonal à Fribourg, eut l'amabilité de procéder à l'analyse minutieuse
des deux échantillons prélevés. Le résultat fut le suivant:
l'enduit était composé de chaux, de sable et de briques
finement pulvérisées sans aucune trace d'ocre ou autre
couleur ; le mortier comprenait de la chaux et de la
brique grossièrement pilée sans sable. Accidentellement,
il y avait encore dans le mélange diverses substances :
fer, etc. Le premier était très résistant, le second au contraire très friable. C'était donc bien pour le premier de
la technique romaine tandis que le second laissait plutôt
supposer l'époque burgonde où l'on employait encore le
mortier fait de cette façon, mais de qualité très inférieure.

On peut encore se demander si la construction infé-

rieure plus grossière ne serait pas antérieure à l'arc
lui-même. Un examen attentif infirme cette hypothèse.
La construction inférieure a été élevée pour le tombeau
et l'arc pour l'abriter. Il n'y a aucun doute là-dessus.
Nous nous trouvons en présence d'une construction ho-
mogène, faite d'un seul jet. La partie supérieure exposée
directement aux regards a été plus soignée. Le contraste
est d'autant plus frappant que l'enduit rouge attire le
regard tout en dissimulant la maçonnerie.

Parlons maintenant de l'inscription. Par sa position
« peu ordinaire » elle échappe malicieusement à l'œil le
plus exercé, formant, ainsi que nous l'avons dit précédemment, le plafond de l'excavation nord. (Plans III
et V). Elle ne livre que les dernières lettres de quatre
lignes de texte. Inutile donc de vouloir lui chercher un
sens ; ce serait perdre sa peine et son temps à un casse-
tête chinois. La coupe de la lettre est triangulaire, de
même que les extrémités des hastes et les points de sépa-
ration. Ces lettres d'une hauteur de 0 m. 043 et d'une
profondeur de 2 à 3 millimètres, gravées dans une dalle
de cipolin de 0 m. 09 d'épaisseur, ont assez belle apparence. Malheureusement, il y a impossibilité absolue de
reproduire par la photographie ce fragment d'inscription, la place et le recul faisant défaut, outre la position
anormale. Après plusieurs tentatives, par divers procé-
dés, d'un moulage d'ensemble, chaque lettre fut moulée
séparément. Plus tard, après un nouvel essai, un moulage en plâtre put en être obtenu, mais incomplet. A
l'aide de toutes ces empreintes, un habile dessinateur a
restitué fidèlement l'inscription (Planche V) en lui donnant l'aspect d'un fragment alors qu'elle forme en réalité
un rectangle de 0 m. 64 sur 0 m. 15. Cette stèle n'est pas

entière. On voit parfaitement à la surface de la maçonnerie qu'elle est brisée. A chaque moulage tenté, malgré
toutes les précautions prises pour éviter l'adhérence, on
enlevait — grâce à l'humidité séculaire — de fines
écailles de marbre de telle sorte que le « S » de la dernière ligne a totalement disparu.

Etait-ce une inscription païenne ou chrétienne ? impossible de se prononcer avec certitude. Toutefois, nous
la croyons païenne par la date que nous lui fixerons. En
effet, la plus ancienne inscription chrétienne de Gaule
trouvée à Lyon, date de 334. A Sion, celle que le préteur
Asclépiodote a fait graver sur la façade restaurée d'un
édifice public, et non d'une église, comme le dit M. C.
Enlart (1), à la suite de M. Le Blant, porte le mono-
gramme constantinien et date de 377. L'inscription de
l'arcosolium est sûrement antérieure.

La troisième ligne pourrait faire croire à une inscription consulaire IC]ONS ?

Quelle date lui attribuer ? Nous trouvons à St-Maurice
même un point de comparaison, l'inscription *Nitoniae
Avitianae* que porte la face antérieure d'un tombeau
(Planche VI). Soumise à l'appréciation de Mommsen,
ce savant porta le jugement suivant : « l'inscription est
certainement du IIIᵉ siècle » (2). Quoique l'hedera distinguens (3) soit dans notre inscription remplacé par
le point triangulaire, — ces signes sont synchroniques,—

(1 « Manuel d'archéologie française. I. 115.

2) Chanoine P. BOURBAN. Les fouilles aux Basiliques de St-Maurice
d'Agaune, page 262.

3) On appelle « hedera distinguens » une feuille de lierre, qui, dans un
texte, remplit la fonction du point.

c'est le même type de lettres, moins soigné toutefois et plus relâché dans notre inscription. Son époque sera donc nettement un peu postérieure. Puisque l'inscription *Nitoniae* est du IIIe siècle, nous pouvons en conséquence attribuer à la nôtre la deuxième moitié du même siècle. Telle est en effet la date que lui attribuaient Mgr Kirsch et Dom Leclercq.

Reconnaissons que le maçon, bâtisseur de l'arcosolium, n'a employé cette inscription comme pierre à bâtir que lorsque ses auteurs eurent disparu et qu'elle n'intéressait plus personne, — tout comme de nos jours, les monuments des cimetières ! — Force nous est donc de rapprocher la date de construction de l'arcosolium d'au moins 30 à 40 ans.

Résumons-nous :

1° L'arcosolium est d'un usage courant dans la deuxième partie du IIIe siècle ; vers la fin du siècle de ce côté-ci des Alpes.

2° L'enduit rouge analysé se révèle de facture romaine.

3° L'inscription gravée vers 250 n'a été employée vraisemblablement qu'après 280/290.

De ces prémisses il découle la conclusion suivante :

L'arcosolium découvert à St-Maurice, est une construction gallo-romaine non antérieure à la fin du IIIe siècle.

Ce point acquis, cherchons l'autre terme, c'est-à-dire la date après laquelle cet arcosolium n'a pu être élevé.

Pour résoudre ce problème, continuons notre exploration des lieux. Non seulement le manque de liaison des murs et leur simple adossement contre l'arcosolium prouve péremptoirement l'existence de deux constructions distinctes, mais la différence entre les deux maçonneries est patente. Si l'arcosolium appartient encore à la tradition romaine en baisse, il n'en est plus de même certes de la crypte. Là, on remarque une époque autre, qui ne peut être que l'époque barbare.

Dans la chambre sépulcrale ou cella, dans la paroi de droite, on voit une petite niche, arrondie par une tuile faîtière où, suivant la coutume romaine, se plaçait la petite lampe, brûlant devant le tombeau. (Plan IV). De l'autre côté du corridor semi-circulaire, faisant face à l'arcosolium, il y a une sorte de cubiculum avec un emplacement réservé à un tombeau, dont on n'a trouvé aucune trace, et recouvert d'une sorte de voûte surbaissée. M. Bourban a tellement bouleversé cet endroit pour y élever le petit oratoire du Bon-Pasteur qu'il est, dans l'état actuel du lieu, impossible d'en dire davantage. Signalons toutefois que ce « Bon-Pasteur » pleurant la brebis perdue, en haut-relief, a été transporté ici de la tour où il avait été découvert. Le texte du XVIIe siècle résumant d'anciens documents, auquel nous avons déjà fait appel et dont nous donnerons la teneur exacte au chapitre suivant, dit : « Duplex erat ingressus a parte rupis, chori et viviarii ». Il y avait deux entrées pour pénétrer dans cette crypte, l'une du côté du rocher, soit au nord ; l'autre, du côté du chœur et du vivier, soit du côté du sud.

L'escalier de deux marches en marbre jurassique usées sous les pas des visiteurs, que nous avons signalé près de la porte ouverte par M. Bourban, appartenait-il à l'entrée du côté du rocher (Planche IV) ? Oui. Ces marches aboutissaient à un palier sur lequel on tournait à angle droit pour descendre dans le corridor semi-circulaire. Ce bloc et celui qui l'épaule paraissent être romains. Comme tels, ils auraient appartenu à la construction primitive. Nous savons par Eucher que la basilique élevée par Théodore était à une pente et adossée au rocher. Or, en cet endroit, nous sommes à environ 9 à 10 mètres de la paroi rocheuse. Nécessairement un passage faisait communiquer la basilique avec la crypte primitive. Ce passage était ou celui dont nous parlons ou non loin. A notre avis, ce passage est le même, mais déplacés, lors de la construction de la seconde basilique et de la crypte actuelle, ces blocs ont repris leur place parce que servant au même usage. Quoi qu'on pense de cette manière de voir, une chose est certaine, c'est que ce sont des débris romains enclavés dans la maçonnerie de la deuxième basilique. C'était là l'entrée de la nouvelle basilique indiquée du côté du rocher.

Où était la seconde entrée « a parte chori et viviarii » ? Nous n'en avons aucun indice archéologique, la partie de l'hémicycle faisant face à la précédente ayant été bouleversée lors de la construction du mur de fondation de l'Abbaye actuelle ainsi que le portent les Plans I et II. Comme le mur gallo-romain « D », le mur extérieur « E » vient se perdre dans le nouveau mur « H ». En outre, ainsi que l'indique le pointillé de la paroi sud de la salle, de ce point, les murs ont été démolis jusqu'à 0 m. 60 à 0 m. 70 de hauteur pour fournir de la place aux constructeurs. Or, l'entrée recherchée devait se trouver dans cette partie de la crypte. Le vivier devait exister dans le voisinage immédiat de la source. Celle-ci, de captage romain, se trouve encore aujourd'hui au sud-ouest de la crypte.

Cette entrée communiquait vraisemblablement par le chœur avec la nouvelle basilique supérieure.

La crypte d'Agaune est modelée sur celle de la basilique constantinienne de St-Pierre à Rome, qui est le prototype des cryptes à confession. Toutefois, dans la dernière, le tombeau n'est pas tourné de la même façon. A part cela, la ressemblance est parfaite ; c'est la même ordonnance, le même corridor semi-circulaire commandé par le mur de l'abside, c'est la même chambre sépulcrale (1).

Au Ve siècle, ce sont à Ravenne les cryptes de la cathédrale de S. Pietro maggiore, S. Giovanni Evangelista, Sta Agata, à Rome ; on peut signaler encore comme cryptes semi-circulaires : Ste Praxède, Ste Cécile, Les Quatre Saints-Couronnés, mais ici, le type, quoique semi-circulaire toujours, s'est sensiblement modifié ; la chambre sépulcrale a notablement évolué, aussi sommes-nous à la fin du VIIIe ou au commencement du IXe siècle.

A quelle époque attribuer la construction de la crypte d'Agaune ? La maçonnerie est caractéristique du haut Moyen Age. Nous avons d'ailleurs en Suisse même, un point de comparaison, la crypte de l'ancien couvent de S. Lucius, aujourd'hui le grand séminaire de Coire. Elle date du milieu du VIe siècle. En effet, vers l'an 540, l'Evêque de Coire Valentinian édifia sur le tombeau de Lucius une église avec crypte. L'épitaphe du monument funéraire que lui éleva son neveu Paulin, inscription publiée par Mommsen, fixe la mort de cet évêque en 548. Plus tard, l'église a été reconstruite. La crypte existe

---

(1) Arthur Stapylton Barnes : St-Peter in Rome and His Tomb on the Vatican Hill. p. 144, plan.

encore aujourd'hui, mais malheureusement modifiée dans
sa partie la plus importante puisque le tombeau a disparu dans les remaniements postérieurs. La crypte d'A-
gaune est un peu plus ancienne ; cependant, c'est le
même type caractéristique en corridor semi-circulaire
aboutissant à une chapelle cimétériale ; le tout en surélévation par rapport à la nef. A Coire, ce corridor est
octogonal alors qu'à Agaune il est exactement semi-
circulaire. Dans les deux endroits, on voit sur les murs
des graffiti. A St-Maurice, deux grandes croix et une
grille petite et gravée à la pointe ; à Coire, des inscriptions et cette même grille grande, peinte et gravée. Que
signifie cette grille ? C'est là, sans aucun doute, un symbole. Serait-ce peut-être le gril de St Laurent, le grand
martyr d'Occident ? (1).

Au VIe siècle précisément, on reconstruisait la basilique de St-Maurice d'Agaune. Le Sangallensis 563, da-
tant du IXe-Xe siècle, dit : « nunc iubente praeclaro me-
ritis Ambrosio, huius loci abbate, denuo aedificata bicli-
nis esse dinoscitur ».

Le 22 septembre 515, à l'occasion de « innovatione
monasterii », Saint Avit, archevêque de Vienne, prononce encore son homélie dans la basilique de Théodore à
une seule pente et adossée au rocher « dicta in basilica
sanctorum Acaunensium ».

Comme le dit M. Besson (2) : « Il devient ainsi très

---

(1) Zeitschrift für Christliche Kunst. 1895. Nr. 12 p. 365. W. Effmann : Die
St-Luciuskirche zu Chur. — Dr Joh. Georg Mayer : St. Luzi bei Chur. p.
5 et 6. Einsiedeln - Eberle et Rickenbach 1907.

(2) Monasterium Acaunense, page 54.

vraisemblable que, grâce aux largesses de Sigismond, on ait entrepris très peu après 515 la construction d'un édifice plus somptueux. Celui-ci aurait été bâti sous Ambroise Ier, et peut-être y a-t-il dans l'épitaphe de cet abbé une allusion lointaine à des travaux de ce genre. On y souligne, en tous cas, la beauté du sanctuaire qu'honore la sépulture du pieux moine.

> Et licet hoc templum fulgenti luce coruscet,
> Hic quoque sublimat corpore templa suo.

Le premier Ambroise a donc plus de chance que le deuxième (580-600) d'avoir fait, vers 520, la restauration mentionnée par l'interpolateur, d'avoir reconstruit la basilique à quelque distance du rocher, et de l'avoir couverte d'un toit normal à deux pentes ».

Nous sommes dès lors obligés à fixer une époque antérieure à la construction de l'arcosolium que la crypte englobe totalement après l'avoir scrupuleusement et religieusement respecté. La différence des maçonneries, est-il besoin de le répéter encore, est trop sensible pour qu'un laps de temps relativement élevé ne séparât point les deux constructions. Or, l'histoire nous révèle que le Ve siècle fut en Helvétie et dans les pays limitrophes, grâce aux incursions violentes des Alémanes et à l'invasion pacifique des Burgondes, une époque de décadence totale, non seulement un arrêt de la civilisation, mais une régression. L'art romain disparaît comme dans le reste de l'Empire. Il ne reste effectivement chez nous aucun document littéraire ou sculptural de cette époque de profonde ignorance. Comme les Burgondes s'établirent en Savoie dès 443 et assurément dès cette date dans la Suisse romande, y compris la vallée supérieure du Rhône, nous placerons

nécessairement à une époque un peu antérieure la construction primitive, soit vers 420/430.

Nous aurions donc les deux termes suivants : *L'arcosolium gallo-romain a été construit entre les années
280/290 et 420/430, plus probablement au cours du
IVe siècle.*

On nous permettra d'apporter ici deux témoignages
dont nul ne récusera l'autorité :

Au mois de mai 1917, le révérendissime Dom Cabrol,
l'archéologue si connu, visitait l'Abbaye de St-Maurice.
Il s'arrêta spécialement devant l'arcosolium en disant :
« c'est unique en deça des Alpes, c'est merveilleux ! » A
son tour, Mgr Kirsch nous disait lors d'une visite au précieux tombeau : « cet arcosolium est romain sans aucun
doute. Il n'y a rien de semblable au nord des Alpes, il
faut aller à Rome ! »

La cause est donc entendue.

CHAPITRE IV.

L'arcosolium, tombeau de martyr

Connaissant la date de construction de notre arcosolium, faisons un pas plus avant en nous demandant à
quelle catégorie de personnes il a pu servir !

En lui-même, l'arcosolium est un tombeau sans signification particulière. C'était un tombeau plus distingué,
en usage chez les païens comme chez les chrétiens. De
tels arcosolia sont en effet nombreux. Dans le cimetière
de Domitille, on trouve un arcosolium dont l'inscription
« Ampliati » est encore à sa place. « Il faut remarquer,
dit M. H. Marucchi, qu'Ampliatus est un nom d'esclave,
qui devint plus tard le « cognomen » des membres de la
même famille affranchis et de leurs descendants » (1).
C'est tout simplement le tombeau d'une opulente famille.
Pareillement dans le cimetière de Saint-Laurent, appelé
aussi cimetière de Sainte-Cyriaque, on remarque un
arcosolium avec l'inscription : ZOSIMIANE IN DEO
VIVAS, orné de peintures chrétiennes à la face antérieure
de l'arcosolium ; des brebis paissent devant une grille pour

---

(1) Eléments d'archéologie chrétienne. II. p. 123.

4

donner l'illusion d'un tombeau à ciel ouvert. C'est encore une sépulture quelconque sans caractère distinctif. L'arcosolium ne peut donc, du simple fait de sa seule présence, fournir des données caractéristiques sur son possesseur. Autre chose est, hâtons-nous d'ajouter, s'il se trouve dans une crypte basilicale. Celle-ci lui donnera une signification certaine. *Ce sera alors la sépulture d'un martyr.* Telle est l'opinion de MM. Duchesne, Kirsch, etc.

Qu'entendait-on, à notre époque, soit au IVe et au Ve siècles, par *basilica, basilique ?*

Dom H. Leclercq va nous servir de guide (1). Résumons-le :

« A cette époque, outre son sens classique, le mot *basilica* s'applique à des édifices de culte de dimension et de forme ne rappelant en rien la basilique civile, principalement à des chapelles funéraires. Saint Jérôme recommande à Laeta de ne pas laisser sa fille visiter seule « les basiliques des martyrs, ni les églises ». C'est le même sens qu'on retrouve dans Sulpice-Sévère pour désigner les trois édifices élevés par la mère de Constantin à Jérusalem et dans un autre passage pour indiquer une église dédiée à des martyrs hors les murs d'une ville. Si on s'en tient aux écrits des contemporains d'Eucher ou de ceux qui l'ont précédé et suivi d'une ou deux générations, on retrouve l'emploi du mot *basilique* dans le sens bien déterminé que nous venons de lui voir attribuer. Saint Avit de Vienne, ayant à répondre à son suffragant de Grenoble sur la conduite à tenir à l'égard des édifices

______

(1) Dom Cabrol : Diction. d'Arch. etc. art.: Agaune et Basilique.
Nous faisons ces emprunts aux articles indiqués parce qu'ils résument les travaux sur les questions données.

religieux détenus par les hérétiques, fait une distinction
très nette entre « basiliques » et « églises ». « Vous me
demandez, dit-il, ce qu'il faut faire des oratoires ou basiliques des hérétiques. La question est aussi difficile à
résoudre pour leurs oratoires ou petites basiliques que
pour leurs églises ». Une telle distinction s'explique peut-
être par la situation excentrique des *basiliques* et de leur
destination. Elevées en des lieux sanctifiés par un épisode, elles pouvaient se trouver, et c'était le cas à Agaune,
en dehors des voies de communication, partant d'un accès
difficile ; en outre, ne répondant pas, du moins au moment de leur fondation, aux exigences d'une agglomféra-
tion urbaine ou même rurale, elles n'étaient visitées que
d'une façon intermittente, aux jours d'anniversaire, de
pèlerinage. Il n'en allait pas tout à fait ainsi pour les
églises paroissiales établies au centre d'un groupe dont
la vie chrétienne était organisée en vue d'une assistance
quotidienne à la célébration du culte. Par d'autres passa-
ges d'Avit, on voit les basiliques disséminées autour de
la cité comme autant de fortins avancés.

« Grégoire de Tours confirme ce qui parait maintenant bien clair, la distinction entre églises et basiliques,
ce dernier nom étant affecté aux édifices élevés en l'honneur des martyrs en dehors des agglomérations. »

D'après M. Besson, l'acception du mot *basilica* est
trop absolue si on ne l'attribue qu'aux églises secondaires
en réservant aux cathédrales l'appellation *Ecclesia*. Elle
peut être juste, si, dans la même phrase, il y a opposition
entre les deux termes, si non il y a imprécision : toute
Ecclesia peut être appelée *Basilica* et non réciproque-
ment. *Ecclesia* signifie toujours un bâtiment un peu con-

sidérable, tandis que *Basilica* désigne soit une grande église, soit une petite chapelle, soit même un autel. Au VIᵉ siècle, *Basilica* pouvait s'employer pour désigner une cathédrale aussi bien qu'une église secondaire (1).

Dans les basiliques des martyrs, il y avait, comme lieu intimement lié à la construction, la *confession,* au point que l'une suppose l'autre.

Ecoutons le même savant bénédictin définir ce dernier terme (2).

« Le terme *confessio* a servi fréquemment à désigner le lieu où un martyr avait rendu son témoignage sanglant. Parfois le corps du supplicié avait été inhumé sur l'emplacement même où il avait perdu la vie, ou bien il avait été transporté dans une crypte peu éloignée et c'est là que son tombeau était l'objet de l'empressement des fidèles. Dans les deux cas, ce tombeau avait été désigné sous le nom de *confessio* et sur cette *confessio* fut célébrée l'Eucharistie en l'honneur du martyr. Non seulement la tombe, mais toute l'installation environnante et l'édicule ou la basilique élevée par-dessus prit le nom de *marturion* chez les écrivains de langue grecque, tandis qu'en Occident, et en particulier à Rome, *confessio* servit à désigner exclusivement la tombe sainte disposée sous l'autel. La *confessio* se modelait sur l'antique usage des hypogées, servant à désigner la portion souterraine d'un monument funéraire, celle dans laquelle reposaient d'ordinaire les défunts, aussi les chrétiens se trouvèrent amenés à adopter une disposition analogue dans leurs basi-

______

(1) Besson : Les origines des évêchés de Genève, Lausanne et Sion. — Fribourg. 1906 p. 77.

(2) Dom Cabrol : op. cit art. : confessio.

liques où la portion inférieure, la crypte, contenant le corps saint de celui ou de celle qui avait confessé sa foi au Christ, reçut et garda le nom de *confessio*. Comme l'autel eucharistique avait pour base le tombeau ou bien, si la différence de niveau s'y opposait, lui était superposé, mais formait pour ainsi dire un seul massif avec lui, l'autel même fut désigné sous le nom de *confessio* : à plus forte raison, quand les autels se multiplièrent dans une église, « l'autel de la confession » eut un sens compris de tous et une dignité éminente.

Le choix d'un emplacement pour l'inhumation d'un martyr se tournait presque toujours vers une catacombe, ou un cubicule d'accès plus ou moins facile, de décoration plus ou moins habile, qui recevait les fidèles empressés à solliciter la protection du saint. Si le tombeau ne se trouvait pas au niveau de la basilique, il occupait, à son emplacement primitif, une sorte de chambrette communiquant avec la basilique par un soupirail ménagé dans la voûte et permettant d'apercevoir la tombe et d'y faire toucher des étoffes ou menus objets. L'orifice horizontal s'appelait *cataracta*. L'ouverture ou fenêtre verticale établie sous l'autel et permettant d'introduire la tête et le bras afin d'ouvrir ou de fermer la *cataracta* s'appelait *fenestella confessionis*.

La plupart des reconstructions entreprises au moyen âge et depuis n'ont guère montré le souci de conserver les *confessions*.

Ces renseignements nous seront très précieux dans leur application à Agaune. Or, y avait-il en cet endroit une crypte basilicale, une confession ?

Cette question est de la plus haute importance. En

effet, tout est là, car si la basilique donne à l'arcosolium sa signification certaine de tombe de martyr, celle-ci donnera à son tour une base indiscutable à la légitimité de la fête célébrée le 22 septembre. Faisons appel à la *Passio Acaunensium Martyrum*. Dans ce récit, Saint Eucher dit expressément que, nombre d'années après leur mort, Saint Théodore, évêque du lieu, découvrit les corps des martyrs d'Agaune. En leur honneur, il éleva une basilique adossée au rocher et dont le toit n'avait qu'une seule pente. Nous ne savons rien de plus précis sur cette construction sans doute très primitive, élevée à la hâte pour abriter les saintes reliques. Les fouilles qui seront entreprises un jour, nous l'espérons, dans le sol, entre la crypte et le rocher, soit sur une largeur de 10 à 12 mètres, donneront peut-être lieu à d'importantes découvertes. Actuellement rien ne rappelle plus cette première basilique sinon les cinq entailles carrées que nous voyons encore dans le rocher, servant ainsi de points d'appui à la toiture (Planche VII).

Il est loisible cependant d'émettre à leur sujet une triple supposition ; admettre d'emblée que ce sont des vestiges de la basilique de Théodore, ou, au contraire, les donner comme contemporaines des constructions postérieures qui se trouvaient au pied même du rocher, ou, enfin, réunir les deux hypothèses en une nouvelle : faire remonter les entailles au IVe siècle et les faire servir encore plus tard. Cette dernière manière de voir est, croyons-nous, plus conforme à la réalité. Nous ne saurions néanmoins en dire autant des rainures qu'on voit sur le rocher. Leur caractère naturel nous paraît probable. Le rocher est fait d'un calcaire dur et résistant — rares sont les éboulements —, qui cependant se délite par

rangées horizontales surtout, mais aussi verticales et
obliques. Il est aisé de le constater en de nombreux endroits sur toute la paroi rocheuse, en dehors même de la
ville. D'ailleurs, un coup d'œil jeté sur le plan I montre
toutes les constructions orientées est-ouest sans partie
transversale, d'où par conséquent on ne voit pas l'utilité
de ces rainures obliques. C'est là d'ailleurs chose de mi-
nime importance. La basilique était donc adossée au
rocher à environ une quinzaine de mètres de l'arcosolium.
Celui-ci, par ce fait, se trouvait en dehors de la basilique.
Comment pourrait-on admettre qu'une toiture à une
seule pente pût abriter un édifice large d'au moins dix-
huit mètres ? Il suffit d'énoncer pareille proposition pour
en faire ressortir toute l'invraisemblance. Ainsi que nous
l'avons vu au chapitre précédent, un escalier faisait communiquer la crypte et la basilique. Ce n'est point là un
exemple particulier à Agaune : on le trouve même à
Rome. Ainsi, dans le cimetière de Générosa, la basilique
fut bâtie probablement par S. Damase. « On y reconnait,
dit M. H. Marucchi (1), le mode de construction mixte
de la seconde moitié du IVe siècle ; l'inscription dédica-
toire semblable à celles de S. Janvier et de S. Hermès,
fut sans aucun doute composée par S. Damase ; enfin,
une inscription porte la date consulaire de 382, une celle
de 394, et ces inscriptions étaient gravées sur le pavé de
la basilique. Ordinairement, la basilique s'élevait sur le
tombeau des martyrs. Ici, pour éviter un travail trop
considérable, *on la construisit à côté*, comme à St-Valen-
tin. La *fenestella confessionis* était pratiquée au fond
de l'abside, au-dessus du siège de l'évêque. Une galerie,

---

(1) Eléments d'Archéologie chrétienne, II, p. 71.

« introitus ad martyres », conduisait du sanctuaire au tombeau : c'était même le seul chemin pour y arriver, car des murs, dont on reconnaît les ruines, séparaient la chapelle historique des galeries du cimetière, et on accédait à ces dernières par une entrée spéciale et un escalier. La construction de la basilique remonte, suivant M. de Rossi, à l'an 382 ». Observons que cette basilique romaine était contemporaine de celle d'Agaune. Ici, de la basilique depuis si longtemps disparue, il n'en reste que le mur renfermant l'arcosolium. Ainsi qu'on peut le constater sur le Plan II, il se poursuivait vers le rocher. Lors de la construction de la nouvelle crypte, il fut en partie démoli. Nous savons donc pertinemment que la basilique de Théodore a été élevée pour abriter le martyr — *nous n'avons nullement l'intention de préjuger la question du nombre des martyrs* — et que celui-ci reposait dans l'arcosolium existant encore aujourd'hui.

Mais, m'objectera-t-on, nous admettons parfaitement l'existence d'une basilique et d'un tombeau de martyr. Là n'est point la question. Il s'agit, en effet, de savoir si les reliques vénérées appartenaient réellement à des martyrs et non pas à des héros nationaux transformés pour l'occasion en confesseurs de la foi ou à des exhumés d'un cimetière gallo-romain tout simplement !

Objection spécieuse, avouons-le, parce qu'elle remet tout en question en attaquant la base même du culte rendu aux martyrs, c'est-à-dire la réalité du martyre ? Cette objection n'est cependant qu'une pure hypothèse qu'aucune preuve ne vient étayer : « sunt verba et voces, praeterea nihil ! » Nous pourrions par conséquent ne pas nous y attarder ; au contraire, plutôt que de laisser subsister le moindre doute dans l'esprit du lecteur, abordons-la de face. En d'autres termes, on voudrait, au XXe siècle, que l'évêque Théodore se soit trompé, que les Agaunois se fussent trompés collectivement, comme se seraient trompés encore les habitants des quatre cités de la Vallée Pennine. On suppose donc une colossale mystification, et c'est sérieusement qu'on nous dit cela ! Dieu sait si le champ des hypothèses est vaste pour une imagination féconde ! Discutons un instant : ou le martyre est réel ou il ne l'est pas. Pas de moyen terme, donc pas d'échappatoire possible. Or, s'il n'a pas eu lieu, comment l'évêque Théodore aurait-il pu venir affirmer, à la face d'une population qui n'en connaissait pas le premier mot, qu'il a découvert les restes de chrétiens martyrisés dans la localité une centaine d'années auparavant ? Comment aurait-il pu pousser l'audace ou la naiveté jusqu'à construire en leur honneur une basilique aux abords immédiats de la ville et une chapelle cémétériale pour y renfermer leurs reliques ? La population entière se serait levée pour le démentir immédiatement : « cette histoire de martyrs d'Agaune que vous nous racontez est une illusion de votre part ; c'est pour la première fois que nous en entendons parler. Nous, vieillards, nous avons été témoins, dans notre enfance, de la dernière persécution et nous ignorons tout des martyrs. S'il s'agit, au contraire, d'un épisode de la répression des Bagaudes, nos pères nous en auraient parlé, mais rien, absolument rien ne vient prouver l'existence de martyrs dans notre ville ! » Or, rien de tel ne se produit, au contraire, parce que le martyre est une réalité, parce qu'il avait effectivement eu lieu, que son récit en était connu de chacun. L'évêque Théodore a pu le connaître, s'il était du pays, par le témoignage de ses propres parents, ou s'il était un étranger, par celui des vieillards de son temps. Dès lors, dans un cas comme dans l'autre, la population agaunoise est la garante de la vérité. Quand Théodore proclame qu'il a trouvé les corps des martyrs, nulle protestation ne s'élève, mais une basilique s'édifie, pauvre il est vrai, à proximité du tombeau. Non seulement les Agaunois viennent y prier et y célébrer le « *natale* » du martyr, c'est toute la population du Valais qui accourt, ce sont — au dire d'Eucher dans sa lettre à Salvius, — les habitants de diverses provinces qui s'empressent au saint tombeau. Les dons précieux, or, argent, ou autres libéralités y affluent. Les miracles s'y opèrent nombreux. Toute cette vogue, qui caractérise les années postérieures à l'invention des saintes reliques, soit la deuxième moitié du IVe siècle et les premières du Ve, grandit d'année en année. Elle prouve une chose : *la croyance entière à la réalité du martyre.* C'est dans cette basilique de Théodore que le roi Sigismond vient prier les martyrs, c'est dans cet édifice adossé au rocher et au toit à une pente qu'en 515 Avit de Vienne prononce son homélie. Sigismond étant monté sur le trône après la mort de son père Gondebaud (†516), on jugea indigne de la piété du roi et de sa munificence que des martyrs aussi illustres eussent un abri aussi primitif. Peut-être aussi les nombreux moines appelés par le pieux roi se trouvèrent-ils à l'étroit dans la basilique de St Théodore ? Grâce aux largesses royales, l'abbé Ambroise entreprend, vers 520, la construction, à quelque distance du rocher, d'une nouvelle basilique dont le toit est à deux pentes. Cette basilique *s'éleva exactement sur le tombeau du martyr et uniquement pour lui.* On démolit donc l'ancienne petite chapelle souterraine, n'en laissant subsister que l'arcosolium absolument intact. Il fut alors enclavé dans la nouvelle crypte plus spacieuse que nous avons étudiée plus haut. Sur cette crypte s'éleva la basilique supérieure dont l'autel principal ou majeur correspondait exactement à l'arcosolium, transformé ainsi en confession.

Cette disposition est absolument caractéristique. Quand on voit cet arcosolium avec la crypte, celle-ci disposée de façon à créer devant le tombeau une petite chapelle avec un corridor semi-circulaire afin d'en faciliter l'accès aux fidèles, on est contraint d'y reconnaitre une crypte basilicale. C'est là une preuve *tout à fait certaine que ce tombeau contenait les reliques d'un martyr.* Toutes les analogies le prouvent péremptoirement. Que le lecteur veuille bien se reporter à ce que nous avons dit au chapitre précédent.

Parler de cette nouvelle basilique d'Agaune est chose difficile. Les fouilles ont mis à jour un pavé en marbre rouge. Sur la crypte basilicale elle-même, nous possédons quelques renseignements puisés dans le document dont il a déjà été question à deux reprises. Voici ce qu'en dit M. le prieur Bourban :

« Le souvenir de cette crypte a été conservé dans plusieurs documents qui sont devenus plus intelligibles par les découvertes des fouilles du Martolet. Il y avait un ancien obituaire de l'église des martyrs, depuis longtemps perdu ou détruit dans un incendie, mais sur lequel a travaillé un érudit du XVIIe siècle, probablement Jodoc Quartéry, abbé de St-Maurice. Le document nous dit que l'auteur était neveu du capitaine Antoine Quartéry, personnage qui a joué un rôle important dans l'histoire religieuse du Valais, à la fin du XVIe et au commencement du XVIIe siècle.

« De altaribus in alma Ecclesia Sancti Mauritii Agaunensis olim existentibus.

« Sub ipso magno altari illud erat oratorium versus originem fontis in capite catacumbarum positum, lapis illius altaris erat marmoris rubi ; duplex erat ingressus a parte rupis, chori et viviarii. Primo ibi constiterunt sacrae Reliquiae quae tribus diversis vicibus ibidem repertae sunt ; paulo superius erant domus ad excubias martyrum ad hoc hodie nomem Martollet retinet » (1).

Sur la foi de ce document, M. Bourban croyait que la table de l'autel de la crypte était en marbre rouge. Le texte contenait une inversion. Le sens en devait être ainsi rétabli : « sub ipso magno altari — lapis illius altaris erat marmoris rubi — illud erat oratorium, etc. ». C'était en conséquence la pierre de l'autel supérieur, appelé aussi l'autel de la confession, qui était en marbre rouge et non point celle de l'autel de l'arcosolium.

Ce document dont nous donnons la traduction, fournit plusieurs données intéressantes :

« Sous l'autel majeur, dont la pierre était en marbre rouge, il y avait l'oratoire situé vers la source dans la partie supérieure des catacombes. Il y avait deux entrées, l'une du côté du rocher, l'autre du côté du chœur et du vivier. C'était là qu'à l'origine reposaient les saintes reliques ; elles y furent découvertes à trois reprises diverses. Un peu plus haut étaient les maisons destinées aux gar-

____

(1) Indicateur d'Antiquités suisses. 1916. fasc. 4. p. 282. Les fouilles de Saint-Maurice par le chanoine P. Bourban.

diens des martyrs ; ce lieu porte encore aujourd'hui le nom de *Martollet* ».

De ce texte, il ressort clairement que les reliques reposaient dans la crypte. Or, dans celle-ci, il n'y a qu'un seul tombeau, l'arcosolium. Donc il contenait autrefois les précieuses reliques.

De son côté le nom de *Martollet* est intéressant à relever.

M. Maxime Reymond a publié une étude intitulée : « *Les Martereys dans le canton de Vaud* ». (1) Il y est dit en substance :

« *Marterey, martorey* dérive directement de *martyrium — etum. Martyrium* dérive du grec et le latin a rendu de différentes façons. D'après Meyer-Lubke, jusqu'au VIIIᵉ siècle, le grec a été rendu en latin vulgaire et en roman par *o*. Nous avons alors le radical *martor*, qui est précisément celui que nous cherchons, et c'est celui qu'entendait le traducteur français du moyen âge qui rendait par *martoire* le *martyrium* de St Augustin, la chapelle d'un martyr. On peut aussi admettre que le *o* a été rendu par *u* et comme dans les auteurs mérovingiens on trouve des formes *fulgor - fulgur, luxoria - luxuria, purpora-purpura*, le mot *martur* a tout aussi bien pu être entendu *martor*.

« Voilà pour *martoredum*, martorey. Quant à la forme marterey, l'*e* peut être un affaiblissement de l'*o*. On peut y voir aussi une forme contemporaine et légale. En effet, la règle suivant laquelle l'*i* ne se mue pas en *e* n'est pas applicable à l'époque mérovingienne où cette permutation est si fréquente, qu'elle peut être considérée

---

(1) Revue d'histoire ecclésiastique suisse 1909. p. 102

comme normale. *Martcretum* serait, pour cette période, l'orthographe presque ordinaire de *Martiretum*.

« Que l'on préfère *martor* ou *marter*, on arrive ainsi dans les deux cas à une formation antérieure au VIIIe siècle, datant de la période mérovingienne. La chose n'est pas indifférente. Plus la formation d'un composé est ancienne, plus il y a de chances que sa signification se rapproche de celle du mot souche. Le mot souche est ici *martyrium*, chapelle d'un martyr. Logiquement, le *martoretum* est le lieu où se trouvent plusieurs sépultures de martyrs, et si le français du XIe siècle attribue le sens de massacre au mot *martirie,* il s'agit d'une dégénérescence dont nous n'avons pas à tenir compte, et l'on doit rapprocher *marterey* de *marteror* (la Toussaint), ce qui exclut toute idée de criminel supplicié.

« Mais il est évident qu'il n'y a pas eu de martyrs dans les cinquante localités vaudoises où l'on trouve un marterey, et qu'il faut admettre un sens figuré Lequel ? L'expression *marteror* servira à nous mettre sur la voie. Le marterey peut être le lieu des saints, la terre des sanctifiés, bénie par ce qu'elle porte, et ce caractère peut lui être donné par un calvaire, par une chapelle ou par un cimetière ».

M. Reymond cite ensuite un texte de Walafrid Strabon (IXe siècle). Dans son livre *De exordiis et incrementis rerum ecclesiasticarum,* Strabon parle des *martyria.* Il dit que l'on appelait jadis ainsi les églises dans lesquelles reposait le corps d'un martyr certain, honoré conformément aux canons ; mais que l'on ne doit pas rendre de culte aux lieux (de ce nom ?) établis en l'honneur de reliques ou de saints douteux, *vel tantum mortuorum appellatione (?)».*

Le mot de *Martolet* ou *Martorey* que nous trouvons
à St-Maurice pour désigner les emplacements des anciennes basiliques doit être pris dans son sens propre.
Peut-être, dans la suite, peut-il s'entendre par extension, des nombreuses sépultures de fidèles, laïques ou
moines, que nous y trouvons, mais avant tout *Martolet*
ou *Martorey* s'applique à la crypte renfermant *le tombeau du martyr*. Il doit se prendre là dans son sens
strict, comme nous savons que le mot μαρτύριον désigne
d'abord le tombeau du martyr et par suite la chapelle qui
le renfermait.

Cet arcosolium était-il le tombeau *primitif* du martyr ? Aucun renseignement archéologique ou épigraphique ne permet d'élucider cette question. Par déduction,
nous pouvons, semble-t-il, supposer bien timidement
que ce n'était pas là la première sépulture du martyr.
Raisonnons. Le mur contenant l'arcosolium (Plan II)
faisait partie d'un édifice relativement important à en
juger par ses dimensions. Au sud, il se perd actuellement
dans la fondation du mur extérieur de l'abside, tandis
qu'au nord il a été démoli au VIe siècle pour permettre
la construction de l'hémicycle et vraisemblablement pour
ne pas gêner le passage. Il se poursuivait donc vers le
rocher. Or, serait-il admissible qu'en pleine persécution
— puisque martyr il y a ! — on ait pu construire une
telle sépulture chrétienne ? Le fait nous laisse rêveur.
Malgré l'existence d'un collège funéraire chrétien, —
à supposer qu'il y en ait eu un à Agaune — ce travail
n'a vraisemblablement pu être entrepris qu'après la
Paix de l'Eglise. Autre chose serait si, comme à Rome
par exemple, le tombeau, au lieu d'être une construction
maçonnée assez importante, n'était que creusée dans

une roche friable. Ce martyr paraît donc avoir occupé, antérieurement à notre arcosolium, une sépulture provisoire.

Groupons les principales données de ce chapitre :

1.— Dans la deuxième moitié du IVe siècle, Théodore, évêque du Valais, découvre les restes de martyrs mis à mort à Agaune même. Il construit en leur honneur une basilique dans les abords immédiats de la ville. La construction est adossée au rocher et son toit est à une seule pente. Une chapelle souterraine ou crypte contiguë renferme un arcosolium pour y recevoir les reliques.

2.— Au lieu de protester contre l'attribution faite par Théodore, les Agaunois célébrèrent le culte des martyrs. Quelques années après l'invention des corps saints, à l'époque d'Eucher surtout, celui-ci a une telle vogue qu'on accourt à Agaune non seulement du Valais, mais de diverses provinces ; on y apporte de riches offrandes.

3. — Vers 520, l'abbé Ambroise construit une nouvelle basilique, éloignée un peu du rocher, et couverte d'un toit à deux pentes. La crypte de Saint Théodore est démolie, *seul l'arcosolium est respecté et conservé intact parce qu'il est, par sa destination, l'objet principal.* Il devient le centre de la nouvelle crypte, qui l'enserre complètement. Au-dessus, on construit la basilique dont l'autel correspond à l'arcosolium. De ce fait, celui-ci est transformé en confession.

4. — Ce lieu porte depuis l'époque mérovingienne le nom caractéristique de Martolet, de chapelle des martyrs.

D'où il ressort que l'arcosolium gallo-romain est incontestablement une sépulture de martyr (1).

---

(1) Telle est aussi, après un examen local, la manière de voir de M. le Dr Enrico JOSI, inspecteur des fouilles aux Catacombes romaines.

CHAPITRE V.

L'arcosolium
tombeau du martyr Saint Maurice

---

1. La Sépulture de Saint Maurice

L'arcosolium gallo-romain d'Agaune a été le tombeau
d'un martyr, c'est là un point acquis désormais. Or, quel
était ce martyr ? Saint Maurice, répondrons-nous sans
aucune hésitation.

La preuve ? la voici :

Habituellement on fermait le tombeau d'un martyr
par une dalle servant de couvercle. On y inscrivait son
nom. Malheureusement le couvercle de l'arcosolium d'A-
gaune a échappé jusqu'ici à toutes les recherches. Souhai-
tons qu'un jour un archéologue ait la joie de le dénicher.
Suppléons donc à ce manque d'information épigraphique.
Établissons d'une autre façon l'identité du martyr dépo-
sé dans cet arcosolium. Posons en conséquence en principe — puisqu'il s'agit de martyrs thébains en nombre
assez considérable, — que notre arcosolium a été la sépulture du *principal martyr*. Tout ce qui précédemment
a été dit de cet arcosolium et de la crypte le prouve d'une
façon si claire qu'il serait oiseux d'y revenir encore.

Or, quel fut le principal martyr thébain, celui qui fut considéré, dès l'origine, comme le chef ?

Ouvrons la *Passio Acaunensium Martyrum,* de l'évêque Eucher.

« 8. — Incitamentum tamen maximum fidei in illo tempore penes sanctum Mauricium fuit primicerium tunc, sicut traditur, legionis ejus, qui cum Exuperio, ut in exercitu appelant, campidoctore et Candido senatore militum accendebat exhortando singulos et monendo... ».

Pourquoi n'accepterions-nous pas ces noms comme parfaitement authentiques, qui, plus en relief que les autres, ont été conservés par la tradition ? A ce propos M. Besson dit très justement : « Les considérer comme imaginaires sous prétexte que Mauricius veut dire *noir* et Candidus,*blanc,*comme l'a fait M. Krusch après M. Dümmler, c'est vraiment faire preuve d'une injustifiable sévérité » (¹). Que diraient ces critiques, si en plein XXe siècle, il s'agissait d'une personne répondant au nom de *Blanc* ou *Le Blanc, Brun* ou *Lebrun, Nègre* ou *Lenoir, Rose, Rouge, Violette,* ou, en allemand. *Grünig, Schwarz, Roth, Weiss,* etc. ? Seraient-ce des êtres imaginaires sous prétexte que ce sont noms de couleurs ? non pas, ce sont tous noms parfaitement authentiques. Chacun connaît le nom patronymique *Moret* ou *Morey,* l'équivalent du *Mauricius* d'Eucher. Que dirait-on si, au nom, s'ajoutait encore le type sarrasin nettement accusé comme le fait existe ? Il est dangereux de rejeter a priori ce qui ne cadre pas avec un système préconçu.

Eucher faisait certainement écho à la tradition locale. Or, s'il donne au principal martyr le nom de Maurice, ce

---

(1) Monast. Acaun. p. 18 note.

n'est point par fantaisie, assurément, mais parce que tel était le nom que lui donnait la tradition à Agaune même. Dès lors, nous ne voyons guère ce qu'on pourrait légitimement objecter ; c'est là cependant chose tout à fait secondaire ; le fait essentiel restant acquis : la réalité du martyr, Maurice étant donc le nom du principal martyr ; d'autre part, notre arcosolium étant le tombeau principal — sinon l'unique — nous sommes en droit de conclure que *cette sépulture était celle de Maurice lui-même à l'exclusion de tout autre.*

La tradition et les textes s'accordent sur ce point ; nous ne nous y arrêterons pas pour éviter de fastidieuses redites.

Mentionnons cependant à l'appui de cette affirmation, le magnifique coffret-reliquaire en or de Teudéric, conservé au trésor de l'Abbaye de St-Maurice, travail d'une remarquable richesse. La face postérieure porte l'inscription suivante :

TEUDERIGUS PRESBITER IN HONURE SCI MAURICII FIERI IUSSIT AMEN. NORDOALAUS ET RIHLINDIS ORDENARUNT FABRICARE. UNDIHO ET ELLO FICERUNT.

M. Besson attribue cette œuvre au VIIe ou au VIIIe cle (¹). Ce précieux coffret est donc offert en l'honneur de Saint Maurice.

Le corps du bienheureux martyr reposait dans l'arcosolium depuis de longs siècles quand, au XIIIe siècle, on en fit la translation.

Ecoutons M. le chanoine Bourban faire le récit de cet événement : (2)

---

(1) Antiquités du Valais (Vme-Xme siècles). Fribourg (Suisse) Fragnière frères, 1910.

(2) Indicateur d'Antiquités suisses. 1916. fasc. 4. fol. 283.

«Les XIIe et XIIIe siècles sont l'époque de l'exécution des grandes châsses et des beaux reliquaires qui ornaient l'autel ou le fond du sanctuaire. Saint-Maurice en avait déjà fait exécuter, au XIIe siècle, de très beaux en argent travaillé au repoussé et représentant les grands mystères de la Foi chrétienne (1). Il y eut alors, à l'abbaye de S. Maurice, un véritable entraînement (mais comme on le verra plus loin, non sans quelques résistances populaires et peut-être sacerdotales), pour sortir le corps de S. Maurice de sa crypte, de son tombeau romain sous l'arcosolium, et le mettre plus en évidence, dans une riche châsse, racontant, sur l'autel, ses triomphes.

« La châsse, d'une exécution splendide, représentant le martyre, le triomphe et le culte de S. Maurice, encadrés de rinceaux, spécimens de tous les genres de la décoration romane, était terminée pour l'automne de 1225. L'acte de translation est rédigé par le graveur lui-même sur le faîte de la châsse, construite en forme d'église. (2)

AGNO : GRACIE : MILLESIMO : DVCENTESIMO : VICESIMO : QVINTO
VII : KAL : NOVEMBRIS : RELEVATVM : FVIT : COR
PVS : BEATI : MAVRICII : ET : IN : HOC : PHILTRO : RECONDITVM :
TEMPORE : NANTELMI : HVIVS : LOCI : ABBATIS :

« De plus, cette translation sera, et cela jusqu'à nos jours, célébrée chaque année dans les offices de l'Abbaye, le VII des calendes de novembre. Et cette fête paraît concorder avec celle de la première translation, faite par S. Théodore, évêque d'Octodure (3).

« Tout était beau en haut, dans le sanctuaire de la basi-

---

1) et 2) Aubert, Trésor de l'Abbaye de St-Maurice d'Agaune.

(3) Kalendarium Ecclesiæ Agaunensis, folio 21 et 22 et in fine, MS. in 4º, Archives de l'Abbaye, tir. 63.

lique ; mais en bas, dans la crypte, les pèlerins poussaient des soupirs en n'y trouvant plus le corps de S. Maurice, dans son tombeau où les siècles l'ont vénéré dans l'arcosolium. Et nous voyons, en ce moment, intervenir dans la querelle, le comte de Savoie.

« Thomas I, par acte du dix octobre 1227, s'engage à être généreusement et perpétuellement dévôt à S. Maurice, mais à la condition expresse que le corps du Martyr ne soit pas remis dans la crypte sous l'arcosolium, d'où nous l'avons vu sortir, il y a deux ans :

«Notum sit tam presentibus quam futuris quod nos thomas comes sabaudie et marchio in ytalia donamus pro remedio anime nostre et antecessorum nostrorum sancto mauricio et conuentui eiusdem loci centum solidos bonorum maurisiensium pro illuminatione unius candele que stare debet in die et in nocte ante cassiam et corpus beati mauricii, quos. c. solidos assignamus super redditus et prouentus molendinorum uille eiusdem loci. Quiquid superius dictum est promittimus deo et beato mauricio attendere et seruare in perpetuam helemosinam, **nisi corpus beati mauriccii in loco de quo extractum fuit iterum recluderetur,** *et de uoluntate nostra est ut medietas predicte pecunie persoluatur in festo sancti Johannis baptiste et alia medietas in natale domini. Actum anno gracie. M.º CC.º XX.º VII.º Inditione decima quinta, decimo die intrante octobris.*

Huius rei testes sunt : Dominus bernardus secusie, Dominus Wuillelmus de Belfort, Pontius de ugina, Giroldus clericus de baleison, et plures alii, et ego petrus notarius interfui et hanc cartam tradidi. Actum infra nouam uillam ante domum ministralisse ». (1)

---

(1) Original, archives de l'Abbaye, tir. I, N. 5. Pl. VIII.

Le texte du comte Thomas est formel. Il s'agit du corps de Saint Maurice seul, à l'exclusion des autres martyrs.

En conséquence, nous conclurons que notre arcosolium était réellement la sépulture de Saint-Maurice martyr.

2. Le Martyrologe hiéronymien et les Martyrs thébains

Le Martyrologe hyéronimien est un grand calendrier comprenant la mention des saints vénérés chaque jour dans les différentes parties de la chrétienté. Dans les Ordres religieux, la lecture du Martyrologe se fait à l'Office de Prime.

La première rédaction de ce calendrier général fut faite dans l'Italie du nord, peut-être dans le diocèse d'Aquilée, vers le milieu du Ve siècle. Le rédacteur a fait œuvre de compilateur en se servant de différentes sources, dont :

a) un calendrier ecclésiastique romain du commencement du Ve siècle ;

b) un calendrier africain ;

c) un calendrier oriental ;

d) des notices sur les fêtes célébrées dans les églises de l'Italie du nord, des provinces danubiennes, des provinces du nord de l'empire, de la Gaule et de l'Espagne.

Vers la fin du VIe siècle ou au commencement du VIIe, on fit, en Gaule, une nouvelle rédaction de ce calendrier avec de nombreuses additions de saints qu'on y vénérait. Tous les manuscrits conservés dépendent de cette rédaction gauloise. On reconnait aisément les adjonctions faites à cette époque en Gaule par la place qu'elles occupent dans le texte quotidien comme à la forme de la rédaction elle-même.

La *compilation princeps,* c'est-à-dire celle qui a été faite au milieu du Ve siècle dans l'Italie du nord, contenait quelques fêtes de martyrs vénérés en Gaule et dans les provinces voisines. Parmi eux, mentionnons les *martyrs d'Agaune,* s. Genès d'Arles, s. Paul de Narbonne, s. Victor de Marseille, ste Afra d'Augsbourg, etc.

Au 22 septembre, *tous* les manuscrits nomment, immédiatement après la fête de ste Basille à Rome, tirée du calendrier romain, *s. Maurice et ses compagnons.* Le texte des manuscrits n'est cependant pas identique, ce qui indiquerait un remaniement du texte primitif tel qu'il était sorti de la plume du compilateur italien.

Le manuscrit d'Echternach, conservé à Paris, appartient à une première recension du texte, qui est la plus ancienne qui nous soit parvenue bien qu'abrégée. On y lit :

« X Kal. Octob. Romae natale Basilae et sancti Mauricii cum VI milibus DCLXVI in Aganis et aliorum Candidi Exuperi Victoris Innocenti Vitalis-Ausiodori Germani episcopi ». (1)

Un autre texte, simple extrait celui-là, mais fait sur un manuscrit plus complet, représentant la même recension

---

(1) Ed. De Rossi-Duchesne, in Acta Sanct. Boll. novembr. II. p. (124.)

que le Codex d'Echternach, et conservé à Dublin en Irlande, porte :

« Romae natale Basillae et in alio loco Mauricii Exoperi Candidi Victoris et aliorum VI milium DCLXVI in sanctos Sacauenis » (1).

Ces deux derniers mots sont certainement mal lus ; il faut y chercher les mots « Sedunis » et « Agauno ».

Une seconde recension du texte, plus complète dans les indications topographiques, est représentée par un manuscrit de la bibliothèque de Berne et par un autre venant de Weissenburg, conservé à la bibliothèque de Vienne en Autriche.

Le manuscrit de Berne dit :

« X Kal. Oct. Rome via Salaria vetere Basille. Et Gall (ia) civitate Sidunis sive Octodero Valensi loco Agauno natale sanctorum Mauricii Exsuperii Candedi Victoris Innocenti Vitalis cum sociis eorum VI milibus VI centis sexaginta sex martyres. Beturico vico nuncupante Libroso sancti Silvani et Silvestri. In Gallia civitate Antisiodero adventus et exceptio corporis sancti Germani episcopi et confessoris ab Italia » (2).

Le manuscrit de Weissenburg n'a pas la mention des ss. Silvanus et Silvestre.

On voit clairement que les mentions de Ste Basille de Rome et des saints d'Agaune étaient dans l'archétype commun de tous nos manuscrits. Ce qui suit repose sur des additions postérieures, qui ne sont pas les mêmes dans les divers textes.

Une mention de S. Maurice et de quelques autres

---

(1) Analecta Bollandiana 1913, p. 402.

(2) Ed. De Rossi-Duchesne, loc. citat.

noms se trouvait dans le texte primitif rédigé en Italie vers le milieu du Ve siècle. Il n'est pas possible de fixer exactement sa forme primitive parce que les variations entre la recension du codex d'Echternach et l'autre, prouve qu'il y a eu un petit remaniement. Notons aussi que la Passio d'Eucher indique 6.600 martyrs ; les textes du martyrologe, 6.666.

Sans entrer dans une discussion de ces questions de critique des manuscrits, *il est certain que S. Maurice et les noms de quelques-uns de ses compagnons se trouvaient dans la rédaction primitive du Martyrologe.* On savait donc, vers le milieu du Ve siècle, dans le nord de l'Italie, que leur fête était célébrée solennellement à Agaune le 22 septembre de chaque année.

3. Le lieu de l'invention des martyrs

Saint Eucher en attribuant à l'évêque Théodore l'invention des martyrs thébains, se sert de deux mots bien anodins en apparence « *revelata traduntur* » sans ajouter aucun renseignement complémentaire sur le lieu où le fait s'est passé. C'était évidemment dans le voisinage immédiat d'Agaune. Où ? Toute la question est là. Le lieu d'inhumation avait-il été à l'endroit même où l'on a retrouvé l'arcosolium — chose tout à fait plausible si le martyre se réduit à un seul individu, — ou bien était-ce à Vérolliez ?

Ce dernier lieu a, en sa faveur, une tradition locale nettement établie, tradition parfaitement respectable

puisque plus que millénaire. Le récit d'Eucher paraît
s'appuyer sur elle. Après avoir décrit le défilé d'Agaune,
il ajoute : « les gorges une fois franchies, on découvre
tout à coup entre les pentes rocheuses des montagnes,
une plaine assez spacieuse. C'est là que s'était arrêtée
la légion sainte ». C'est Vérolliez, à n'en pas douter !
M. le chanoine E. Gross avance, sur la foi de titres tirés
des archives de l'abbaye, qu'au commencement du XII<e>
siècle, la chapelle de Vérolliez tombant en ruines, le prévôt
Guy la fit restaurer. L'abbé Borcard la fit encore répa-
rer vers 1170. Elle fut reconstruite à la fin du siècle
suivant et consacrée en 1290 par Aymon, évêque de Ver-
ceil, qui fixa l'anniversaire de cette dédicace au 8 septembre, et accorda 40 jours d'indulgence à tous ceux qui
y prieraient pendant l'octave. Le respect qu'on avait pour
le champ des martyrs était tel qu'on l'avait entouré de
murailles vers le XII<e> siècle ; et défense était faite d'y
faucher l'herbe et d'y laisser paître le bétail. (1)

La critique moderne est trop encline à faire fi de toutes les traditions topographiques locales comme venant
de la tendance populaire de localisation à tout prix.
Qu'il y ait des excès en ce sens, c'est indubitable ; le
peuple voulant des faits concrets, surtout à une époque
où l'instruction populaire n'existait pas. Mais c'est,
d'autre part, une erreur manifeste *de les rejeter a priori
sans un sérieux examen.* Il s'agit d'en dégager si possible la parcelle de vérité historique qu'elles peuvent con-
tenir comme la gangue enveloppe le diamant ! Autre
chose est faire de l'archéologie théorique, penché sur des
textes, les pieds au chaud, autre chose est courir les

---

(1) Le Pèlerin à St-Maurice d'Agaune, en Valais. p. 61. St-Maurice. 1906

champs pour examiner et fouiller. Depuis dix ans, nous
sommes constamment appelé à parcourir en tous sens
le canton de Fribourg, à rechercher ou à contrôler les
lieux-dits dans les vieux cadastres. Or, nous avons constaté qu'en général, les données toponymiques correspon-
dent à la réalité. La preuve en est aisée. C'est ainsi que
les noms composés de *Villa, Villar* passent comme noms
romains ; effectivement les documents de la carte
archéologique prouvent, par les découvertes faites, qu'il
y avait là des établissements romains, tels encore :
Roemerswil, Romanens, Praroman, etc... Les noms de
la Vy, l'Etraz, la Chaussia, Heidenweg, désignent
une voie romaine ; souvent elle est encore reconnaissable
ou elle a été retrouvée par des sondages, *Es tombès,
bois des morts,* etc. indiquent presque toujours des sépultures romaines ou burgondes.

Amalgamant des faits historiques divers, le peuple
attribua aux *Sarrasins* des constructions romaines : *la
tour des Sarrasins, la ville, le château des Sarrasins.* Dès
lors que souvent la vérité d'une tradition est ainsi cons-
tatée, on ne saurait répondre à l'énoncé d'une tradition
topographique locale par un simple haussement d'épau-
les. Il est donc possible « *surtout si le nombre assez considérable de martyrs thébains est démontré* » que la scène
du martyre se soit déroulée dans la plaine de Vérolliez
plus favorable à l'installation d'un camp militaire, que
là par conséquent ait eu lieu la première inhumation
jusqu'à l'invention par saint Théodore.

En discutant la maçonnerie de l'arcosolium, nous
avions émis l'opinion que ce travail relativement considérable n'avait pu vraisemblablement s'exécuter en cours
de persécution contre les chrétiens, mais après la paix de

l'Eglise seulement. En ce cas, où était la sépulture primitive ? nous n'avons aucune difficulté à admettre Vérolliez.

Quelle peut être la signification de ce mot « Vérolliez » ? M. Bertoni, professeur de philologie romane à l'Université, à qui nous avons posé la question, répond :

« Somme toute, cette étymologie est excessivement difficile. J'ai fait beaucoup de tentatives infructueuses. Tout ce que je crois pouvoir dire, sans tomber dans des étymologies ridicules (comme celle de Boccard : « verum locum » !), est peu de chose : étant donné à Blonay (glossaire de L. Odin, p. 634) le mot *Véraü* « genêt », je ne trouverai pas trop de difficultés à admettre dans *Vérolliez* le même radical, de sorte que *Vérolliez*, à l'origine, aurait été *un lieu planté de genêts*. Mais d'où vient le mot *Véraü* ? Ne serait-ce pas un vieux mot helvète ? »

Adhuc sub judice lis est !

----

4. La Charte de Sigismond et les martyrs.

Le texte fameux appelé la *Charte de Sigismond* ou *Charte de fondation* dont l'original a disparu, ne nous est parvenu que dans des copies. La plus ancienne et la meilleure d'entre elles paraît remonter au XIIe - XIIIe siècle ; c'est celle qu'a transcrite M. le professeur Gremaud. (1) Les nombreuses retouches subies prouvent

----

(1) Mémorial de Fribourg. vol. IV. 1857. p. 339.

que nous nous trouvons en face d'une copie où le vrai et
le faux, l'histoire et la fantaisie se coudoyent. L'auteur
attribue à S. Sigismond, sur le conseil des évêques de ses
Etats réunis en concile à Agaune, la construction du
monastère, l'institution en cinq chœurs de la *Laus peren-
nis*, l'arrivée de l'abbé Hymnémode, mis à la tête de la
nouvelle institution, la dotation du monastère et du lu-
minaire avec la nomenclature des propriétés cédées, ainsi
que le projet de construction d'une nouvelle basilique
pour abriter les reliques des Thébains. Ce sont là des
données historiques basées sur un diplôme royal disparu,
comme le font penser les souscriptions des évêques et des
comtes. D'autre part, il y a des erreurs grossières, inad-
missibles chez un contemporain des événements rappor-
tés, par exemple l'évêque Théodore adressant la parole à
Sigismond et les martyrs sans sépulture à cette époque.
Voici ce qu'en dit en toute connaissance de cause, M. l'abbé Besson : (1)

« Théodore II n'est mentionné que dans les actes du
Concile d'Agaune, datés du 30 avril (515)... Sans rien
préjuger au sujet de ce document si controversé, je peux
dire pourtant que l'examen comparatif de diverses recensions permet les réflexions suivantes :

a) le texte édité par l'abbé Gremaud dans le *Mémorial* n'est pas un original, mais une copie interpolée,
quoiqu'en général préférable aux autres ;

b) dans les meilleurs textes la signature de Théodore
manque au bas des actes ; on n'y mentionne que trois
évêques : Victor, Maxime et Viventiole ;

---

(1) Recherches sur les Origines des Evêchés de Genève, Lausanne, Sion
et leurs premiers titulaires jusqu'au déclin du VIme siècle. Fribourg Suisse.
1906. p. 7.

c) dans le corps même des actes Théodore est mis en scène de deux manières différentes, suivant les manuscrits. Le discours que certains lui attribuent tout entier est en partie prêté par d'autres à Sigismond... Comparer les recensions du Mémorial et du Gallia Christiana...

d) Dans l'un et dans l'autre cas nous sommes en présence d'un anachronisme. On parle en 515 de corps restés sans sépulture, alors que la basilique s'élevait depuis bien longtemps sur la tombe vénérée des martyrs. Comment expliquer l'erreur ? L'écrivain — rédacteur ou interpolateur, peu importe — a pris Sigismond pour un contemporain du premier Théodore. On parle dans ces actes comme on pouvait parler au temps de ce dernier, lors de la translation des reliques. (1) L'on peut donc voir dans Théodore II le doublet imaginaire de Théodore Ier mis en scène ici sans raison, et le considérer comme au moins très douteux.

« La signature de [l'évêque] Constantius est instructive. Il est difficile d'établir un principe général touchant les souscriptions de conciles. Mais en comparant celles d'Épaone (517) avec celles de Lyon (vers 520) on constate que les évêques présents aux deux assemblées ont signé dans le même ordre, à l'une et à l'autre, après les métropolitains. Ils paraissent donc l'avoir fait par rang d'ancienneté. Constantius a pris la parole au concile d'Épaone avant Maxime de Genève. Ce dernier fut élu en 513. Constantius aurait donc été évêque avant cette

---

(1) Voici le raisonnement que fait l'auteur ou interpolateur de la charte : « L'évêque Théodore ayant découvert les corps-saints, ·· revelata traduntur dit S. Eucher — ceux-ci n'étaient donc plus en terre, ils étaient exhumés. « inhumate iacent » sans sépulture par conséquent; il importait de leur donner un abri digne de si grands martyrs en construisant une basilique. De là; la demande d'une église formulée par les évêques à Sigismond. »   N. P.

date. Par suite on ne trouverait pas de place pour Théodore II en 515 : Constantius aurait gouverné l'église du
Valais en 513 et encore en 517 ».

L'écrivain n'était donc pas témoin des événements
qu'il raconte, au contraire, il devait vivre à une époque
assez éloignée, à un moment où la tradition locale conservée à Agaune s'était singulièrement oblitérée. Ce
compilateur devait vraisemblablement vivre à l'époque
carolingienne.

Mabillon disait à propos de cet acte : « *quod, ut ge-
nuinum non sit, certe antiquissimum est* ». (1)

Quelle confiance accorder à cet apocryphe quand il
parle de la sépulture des martyrs ?

Sur ce point encore, il peut être cru, car il est témoin
de ce qu'*on croyait et de ce qui se voyait à l'époque où il
écrivait*. Se serait-il aventuré à avancer des fantaisies,
alors que l'état des lieux visibles de chacun suffisait à
le confondre ? Nous pouvons donc lui faire crédit. Or,
que dit-il de l'emplacement de la sépulture des martyrs ?
« ... et eorum tantum corpora quorum nomina nobis
comperta sunt, id est Mauricii, Exuperii, Candidi, Victoris, infra anbitum ipsius basilicae decenter sepeliantur;
reliqua vero corpora munitissimo atque aptissimo sub
ipsa basilica uno congerantur in loco... ».

D'après ce texte, les martyrs *connus* auraient été en-
terrés dans la crypte, sous l'abside, et les *inconnus* sous
la nef de la basilique.

Que Saint Maurice ait été enseveli dans la crypte,
nous l'avons établi, c'est là fait certain et hors de tout
conteste. En est-il de même d'Exupère, Candide et Vic-

---

(1) Dom Cabrol. Diction. d'Archéol. etc. art : Agaune. p. 858, note, in fine.

tor ? là est la question. De prime abord, la surélévation
du tombeau formant arcosolium — nous avons attiré
l'attention sur ce point — pouvait faire croire qu'il
s'agissait d'un tombeau commun. D'après M. le docteur
Comte, professeur de médecine légale à l'Université, la
capacité du sarcophage ainsi augmentée aurait été plus
que suffisante pour y placer quatre corps décharnés.
Après examen, cette supposition est inadmissible, car
comment aurait-on reconnu les corps alors que Thomas
de Savoie déclare expressément que le corps de Saint
Maurice, et non de ses compagnons, ne doit pas être re-
placé dans la crypte d'où on l'avait sorti, ce qui prouve
qu'il était seul dans son tombeau et distinct des autres
martyrs. Mais il y a, avons-nous dit, en face de l'arcosolium une excavation faisant partie de la construction du
VIᵉ siècle. Cet emplacement était destiné à recevoir un
tombeau, qui à l'heure présente ne s'y trouve plus ; une
sorte de voûte le surmontait. N'ayant point vu de visu
ce lieu, force m'est de recourir au témoignage d'autrui.
L'érection de l'autel et l'aménagement d'un lucernaire
ont totalement modifié cet endroit et empêchent même
toute constatation. *Il se pourrait* que là furent inhumés
Exupère, Candide et Victor. En ce cas, cette sépulture
ne remonterait qu'au VIᵉ siècle seulement ; d'autre part,
il est possible aussi que ce lieu ait été réservé à la sépulture de l'abbé Ambroise, le constructeur de la basilique.

Les martyrs *inconnus* furent placés sous la nef de la
basilique. En quel endroit ? ici encore nous sommes en
pleine obscurité. Essayons cependant une hypothèse que
nous nous hâtons de donner comme telle, mais qui nous
paraît avoir un semblant de vérité.

Actuellement, pour accéder à la crypte, on monte un petit escalier et nous voici dans le couloir ou corridor G. Celui-ci, disions-nous, est sans issue du côté du rocher et, jusqu'aux travaux de M. Bourban, sans accès dans la crypte. C'était donc un vrai cul-de-sac. Lors de la construction du mur de fondation de l'abbaye on a fermé l'entrée de la crypte du côté sud, et on a fermé aussi le couloir G, qui n'avait aucun escalier, par un mur venant s'appuyer contre le pilastre selon le pointillé indiqué sur les plans I et II. De cette façon, toute la partie supérieure du souterrain était complètement isolée. Ce couloir, en outre, n'est plus dans la crypte ; il n'en fait donc pas partie, mais il est sous la nef. Quelle pouvait bien être l'utilité de ce lieu en cul-de-sac ? Sur le glacis de ce mur. on remarque en graffiti deux croix qui paraissent remonter à l'époque de la construction. (1) Ne serait-ce pas là ce lieu très sûr et très convenable, qui aurait servi à recevoir les reliques des martyrs aux - noms inconnus dans la basilique élevée par Sigismond ?

Nous connaissons donc avec certitude le tombeau de Saint Maurice.

---

(1) La ressemblance entre l'enduit de la partie inférieure de l'arcosolium et celui du mur aux graffiti pourrait justifier l'attribution de ce dernier à l'époque de l'arcosolium, c'est-à-dire à la période gallo-romaine. Jugeant, toutefois, cet indice insuffisant, j'ai rattaché ce mur à la construction de la crypte soit à l'époque barbare.

CHAPITRE VI.

CONCLUSION

A notre tour, nous avons voulu établir l'historicité du martyre de Saint Maurice en l'appuyant sur le *tombeau* que renferme la crypte basilicale découverte au Martolet. Ce but atteint, notre tâche est terminée, heureux que nous sommes d'avoir ainsi apporté notre témoignage à la gloire d'un saint si populaire dans notre pays comme dans toutes les régions de langue française.

Il ne reste plus qu'à coordonner les données archéologiques et historiques auxquelles nous avons abouti.

1. — Au IVe siècle, l'évêque d'Octodure, Théodore découvre les restes de martyrs. Pour les abriter, il élève, aux abords de la ville, une basilique adossée au rocher avec un toit à une seule pente ; un arcosolium servait de tombeau.

2. — Une tradition locale fixe le lieu de l'invention à Vérolliez. Le récit d'Eucher parait y faire écho en fixant le lieu du campement de la légion dans la plaine, près du défilé.

3. — Le culte des martyrs, au lieu de susciter des protestations, soulève, dit Eucher, un enthousiasme général. Il se répand si rapidement que, de son vivant, on y accourait de diverses provinces. Les riches offrandes y affluent et des miracles s'y opèrent.

4. — La rédaction primitive du Martyrologe hiérony-
mien, faite vers le milieu du Ve siècle, dans l'Italie du
nord, donnait, au 22 septembre, la fête de Saint Maurice
et de quelques-uns de ses compagnons. Cette mention
prouve qu'Agaune honorait ses martyrs d'un culte régulier et solennel dont la renommée avait franchi les Alpes.

5. — Vers 520, la basilique primitive et le cubiculum
sont démolis, seul l'arcosolium reste intact. On construit
autour de lui une crypte du type de celle de St-Pierre à
Rome. Au-dessus, on élève la basilique dont l'autel majeur correspond à l'arcosolium transformé en confession.
Ceci prouve que c'était une tombe de martyr.

6. — Les emplacements des anciennes basiliques
d'Agaune portent le nom caractéristique de *Martolet* ou
chapelle des martyrs.

7. — Le nom de ce martyr n'est pas donné par une
inscription. C'est le martyr principal puisqu'il occupe le
tombeau d'honneur, or, par le texte d'Eucher, on sait que
Maurice était son nom.

8. — En 1225, on extrait de la crypte le corps de Saint
Maurice.

9. —. La charte de fondation dite charte de Sigismond
dont l'autorité est contestée, relate que les martyrs *connus* reposaient dans la crypte, sous l'abside, et les martyrs *aux noms inconnus,* sous la nef, dans un lieu unique,
très sûr et très convenable.

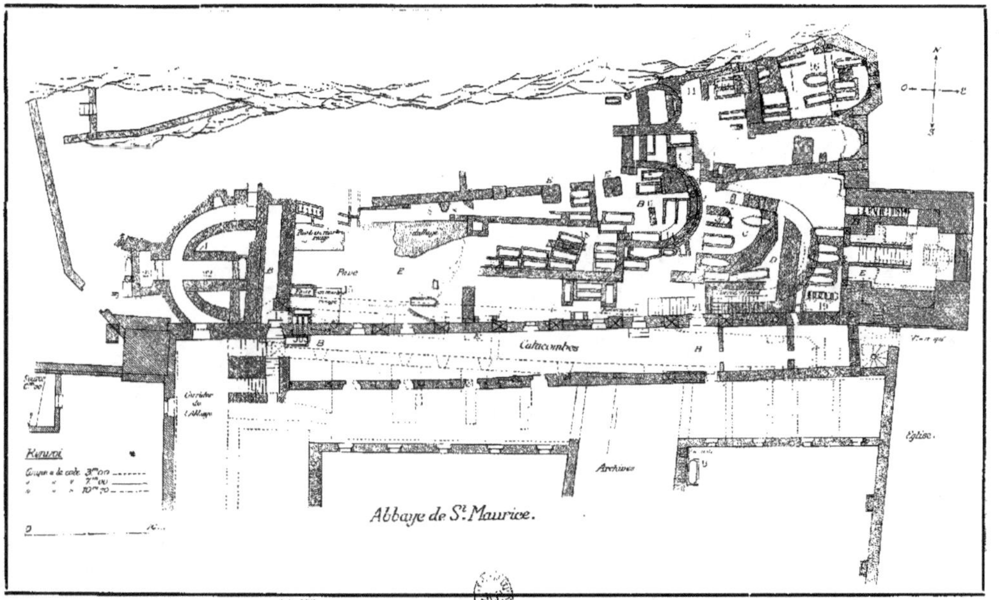

Plan général des fouilles de St-Maurice d'Agaune. A = Emplacement de la Basilique de St-Théodore. Crypte de St-Maurice, IVe siècle. B — Basilique et crypte de St-Sigismond, VIe siècle. B = Basilique de St-Gontran. C-D = Basiliques qui se succèdent jusqu'à Charlemagne. E = Basiliques sur les mêmes fondations, de Rodolphe I au XVIIe siècle.

Ce plan a été dressé sous la direction de M. le Chanoine Bourban ; les attributions hypothétiques ci-dessus lui appartiennent.

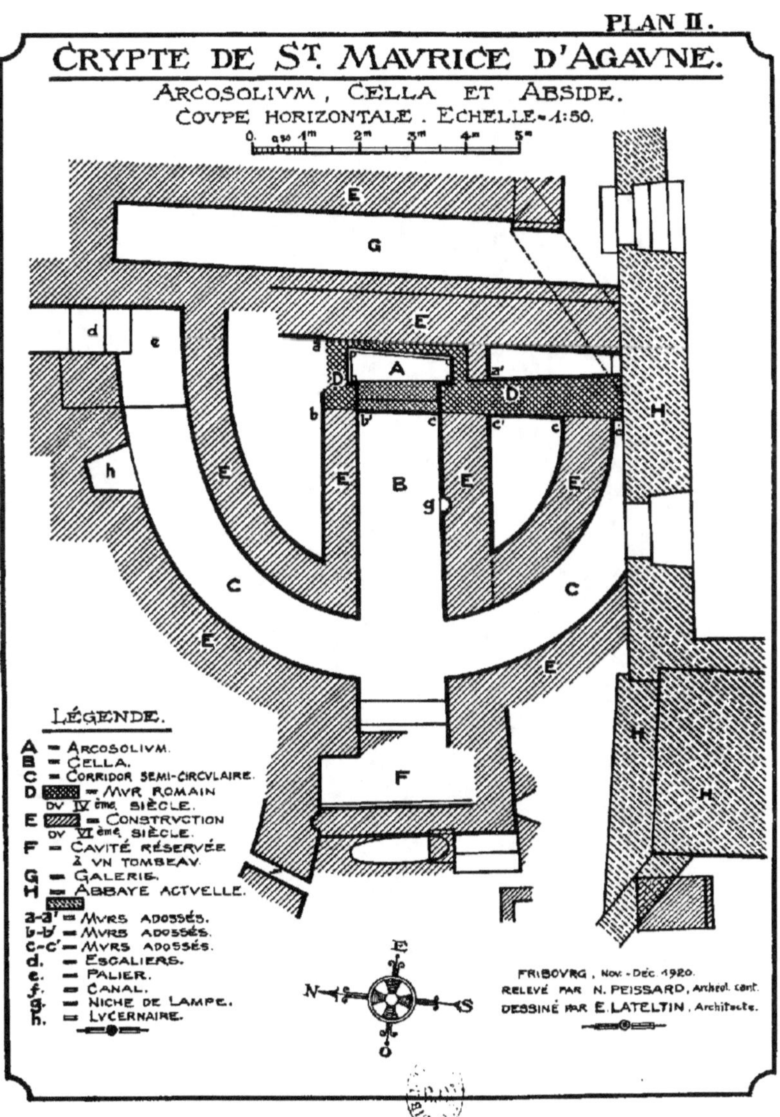

PLAN II.
CRYPTE DE ST. MAVRICE D'AGAVNE.
ARCOSOLIVM, CELLA ET ABSIDE.
COVPE HORIZONTALE. ECHELLE = 1:50.
0. 050 1m 2m 3m 4m 5m
E
G
E
d
e
a
A
a'
D
D
b
b'
c'
c'
c
c
H
E'
E'
E
B
E
E'
h
g
C
C
E
E
F
LÉGENDE.
A = ARCOSOLIVM.
B = CELLA.
C = CORRIDOR SEMI-CIRCVLAIRE.
D = MVR ROMAIN DV IVème. SIÈCLE.
E = CONSTRVCTION DV VIème. SIÈCLE.
F = CAVITÉ RÉSERVÉE à VN TOMBEAV.
G = GALERIE.
H = ABBAYE ACTVELLE.
a-a' = MVRS ADOSSÉS.
b-b' = MVRS ADOSSÉS.
c-c' = MVRS ADOSSÉS.
d. = ESCALIERS.
e. = PALIER.
f. = CANAL.
g. = NICHE DE LAMPE.
h. = LVCERNAIRE.
N E S O
FRIBOVRG, Nov.-Déc. 1920.
RELEVÉ PAR N. PEISSARD, Archéol. cant.
DESSINÉ PAR E. LATELTIN, Architecte.

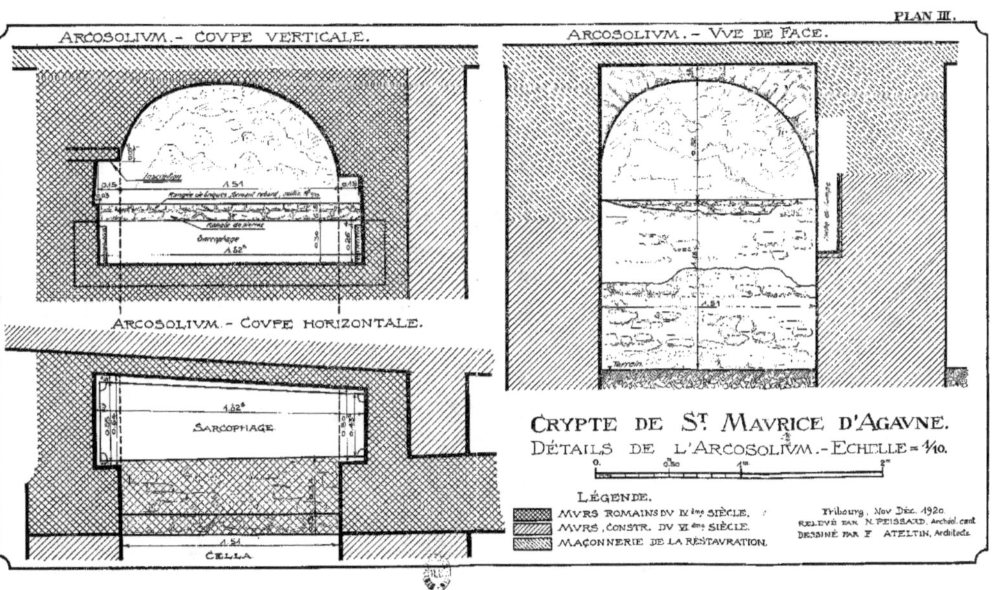
ARCOSOLIVM. - COVPE VERTICALE.
ARCOSOLIVM. - VVE DE FACE.
ARCOSOLIVM. - COVPE HORIZONTALE.
Inscription
1.51
Rangée de briques formant rebord, saillie N°230
Rangée de pierres
Sarcophage
1.52ᵃ
SARCOPHAGE
1.52ᵃ
1.34
CELLA
Terrain
CRYPTE DE St MAVRICE D'AGAVNE.
DÉTAILS DE L'ARCOSOLIVM. - ECHELLE = ¹/₁₀.
0. 0ᵐ50 1ᵐ 2ᵐ
LÉGENDE.
MVRS ROMAINS DV IVᵉᵐᵉ SIÈCLE.
MVRS, CONSTR. DV VIᵉᵐᵉ SIÈCLE.
MAÇONNERIE DE LA RESTAVRATION.
Fribourg, Nov Déc. 1920.
RELEVÉ PAR N. PEISSARD, Archéol. cant
DESSINÉ PAR F ATELTIN, Architecte.

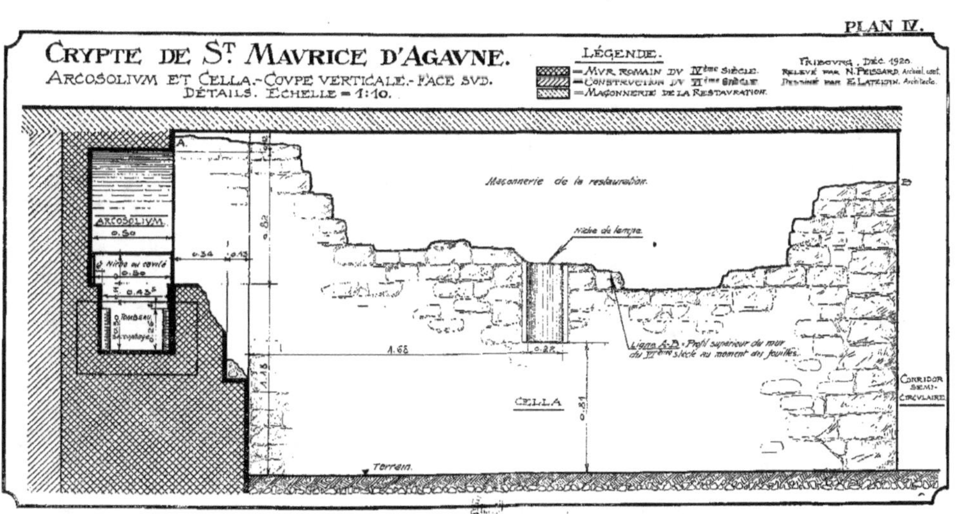
CRYPTE DE ST. MAVRICE D'AGAVNE.
ARCOSOLIVM ET CELLA.-COVPE VERTICALE.-FACE SVD.
DÉTAILS. ÉCHELLE = 1:10.
LÉGENDE.
= MVR ROMAIN DV IVème SIÈCLE.
= CONSTRVCTION DV VIème SIÈCLE.
= MAÇONNERIE DE LA RESTAVRATION.
FRIBOVRG, DÉC. 1920.
RELEVÉ PAR N. PEISSARD, Archéol. cant.
DESSINÉ PAR E. LATELTIN, Architecte.
A
B
ARCOSOLIVM
0.50
Niche ou cavité
0.50
0.435
TOMBEAU
0.34
0.13
0.52
1.15
Maçonnerie de la restauration.
Niche de lampe.
Ligne A-B - Profil supérieur du mur
du VIème siècle au moment des fouilles.
1.65
0.22
CELLA
0.81
Terrain.
CORRIDOR
SEMI-
CIRCVLAIRE

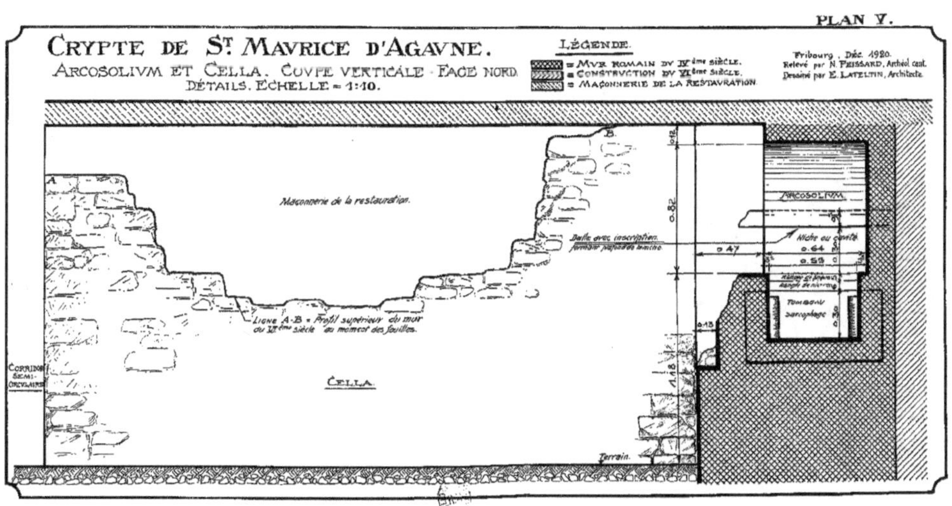

CRYPTE DE St MAVRICE D'AGAVNE.
ARCOSOLIVM ET CELLA. COVPE VERTICALE · FACE NORD.
DÉTAILS. ÉCHELLE = 1:10.
LÉGENDE.
= MVR ROMAIN DV IVème siècle.
= CONSTRVCTION DV VIème siècle.
= MAÇONNERIE DE LA RESTAVRATION.
Fribourg, Déc. 1920.
Relevé par N. Peissard, Archéol. cant.
Dessiné par E. Lateltin, Architecte.
A
B
Maçonnerie de la restauration.
Dalle avec inscription formant jadis de tranche.
Ligne A-B = Profil supérieur du mur du IVème siècle au moment des fouilles.
CELLA
Terrain.
Corridor semi-circulaire
ARCOSOLIVM
Niche ou cavité
0.64
0.53
Tombeav sarcophage
0.12
0.82
0.47
0.18
0.13

Le corridor semi-circulaire et l'entrée de la **Confessio**, du **Martyrium** de S. Maurice.

Le **Martyrium** ou **Confessio**, (le tombeau de St Maurice) ou **arcosolium**, IVe siècle.

L'Arcosolium, vu de côté. Premier plan, à droite, emplacement de la lampe.

L'entrée du martyrium et corridor semi-circulaire. VIᵉ siècle

CRYPTE DE ST MAVRICE D'AGAVNE.
MOVLAGE FRAGMENTAIRE DE L'INSCRIPTION
TROVVÉE DANS L'ARCOSOLIVM.
Dessiné par Edm LATELTIN Fribourg
Nov 1920

Tombeau de Nigonia Avitiana.

Emplacement de la Basilique de Théodore, IVe siècle. Entailles des poutres de la charpente.

La Charte de Thomas I, Comte de Savoie, au sujet du tombeau de S. Maurice.

Dédicace à l'empereur Caligula. Autel dédié à Deo Sedato.